客官，您過獎了！

Saying it Right is More Impressed

說對話比做對事更讓人印象深刻

說話的時候要充滿真誠，

像背熟了的唐詩般說出來的話最易使人討厭。

說話時態度更要溫和，不可顯出急忙緊張的樣子。

說話時要保持身體的平衡，

過度的打躬作揖、搖頭彎身並不是一種雅觀的動作。

社會大學：26

客官，您過獎了：說對話比做對事更讓人印象深刻

編　　著　羅昀典
出 版 者　大拓文化事業有限公司
執行編輯　廖美秀
美術編輯　林子凌

總 經 銷　永續圖書有限公司
劃撥帳號　18669219
地　　址　22103 新北市汐止區大同路三段一九四號九樓之一
TEL　(〇二)八六四七—三六六三
FAX　(〇二)八六四七—三六六〇
E-mail　yungjiuh@ms45.hinet.net
網　　址　www.foreverbooks.com.tw

CVS代理　美璟文化有限公司
TEL　(〇二)二七二三—九九六八
FAX　(〇二)二七二三—九六六八

法律顧問　方圓法律事務所　涂成樞律師

出 版 日◇二〇一三年七月

國家圖書館出版品預行編目資料

客官，您過獎了：說對話比做對事更讓人印象深刻/羅昀典編著.
-- 初版. -- 新北市 : 大拓文化, 民102.07
面 ;　公分. -- (社會大學系列 ; 26)
ISBN 978-986-5886-28-8(平裝)
1.說話藝術 2.口才
192.32　　　102009159

Chapter. 01

朋友交談：巧妙說話，友誼之樹常青

Chapter.
02

戀愛話語：如何與情侶說話的技巧

Chapter.
03

父母交談：說話的心得與父母

Chapter. 04

夫妻間
夫妻交流：如何進行有效溝通

Chapter.
05

面試口才：如何三言兩語贏得職位

Chapter.
06

同事交流：開口迂回，辦公室裡的彈性溝通

朋友交談

巧妙說話，
友誼之樹常青

CHAPTER.01

01

閒聊是深交的前奏曲

有人認爲聊天是極爲浪費時間的事，豈知一般朋友間的交情多半是從「閒談」開始的。實際上，之所以有些人「能說會道」、關係廣泛，就是因爲他們「閒談」的功夫很棒。

但有些人就是不喜歡「閒談」，他們覺得「今天天氣怎麼樣」和「吃過早飯了嗎」這一類的話，都是無聊的廢話，他們不喜歡談，也不屑於談，他們不知道像這一類看起來好像沒有意義的話，卻還是有一定作用的。什麼作用呢？就是加深朋友間感情的準備作用，就像在踢足球之前，蹦蹦跳跳，伸手踢腳，做一些熱身運動一樣。

比如說天氣，而天氣幾乎是中外人士最常用的最普遍的話題。天氣對於人生活的影響太大了，天氣很好，不妨同聲讚美；天氣太熱，也不妨交換一下彼此的苦惱；如果有什麼颱風、暴雨或是季節性流行病的消息，更值得拿出來談談，因爲那是人人都關心的話題。

談話也是對自身資源的一次挖掘，它考驗著一個人的知識水準和文化層次，平時除了你所最關心、最感興趣的問題之外，你要多儲備一些和別人「閒談」的話題。這些話題應輕鬆、有趣，容易引起別人的注意。

除了天氣之外，還有些常用的閒談話題。

一、自己鬧過的有些無傷大雅的笑話

像買東西上當、語言上的誤會等，這一類的笑話，多數人都愛聽。如果把別人鬧的笑話拿來講，固然也可以得到同樣的效果，但對於那個鬧笑話的人，就未免有點不敬，當然，只要你不指名道姓就可以。講自己鬧過的笑話，開開自己的玩笑，除去能夠博人一笑之外，還會使人覺得你為人很隨和，很容易相處。

二、驚險故事

特別是自己或朋友親身經歷的驚險故事，最能引起別人的注意。人們的生活常常不是一帆風順的，每天大家照常吃飯、照常睡覺，可是忽然大禍臨頭了，或者是被迫到一個很遠的地方，路上可能遭遇到很多危險……怎樣應付這些不平常的局面，怎樣機智地或是幸運地在危難時刻死裡逃生，都是讓人永遠不會漠視的話題。

三、健康與醫藥，也是人人都感興趣的話題

新發明的藥品，著名的醫生，對流行病的醫療護理，自己或親友養病的經驗，怎樣可以延年益壽，怎樣可以增加體重，怎樣可以減肥……這一類的話題，也許純粹就是一家之言，但它能吸引人的注意力，而且也沒有什麼不好。特別在遇到朋友或其家人健康有問題的時候，假如你能向他提供有價值的意見，那他更是會對你非常感激的。事實上，有哪一個人、哪一個家庭沒有這方面的問題呢？

四、家庭問題

關於每個家庭裡需要知道的各方面的知識，例如，兒童教育、購物經驗、夫婦之間怎樣相處、親友之間的交際應酬、家庭佈置……這一切，也會使大多數人產生興趣，家庭主婦們尤其關心這些問題。

五、運動與娛樂

夏天談游泳，冬天談溜冰，其他如足球、羽毛球、籃球、乒乓球，都能引起人們普遍的興趣。娛樂方面像盆栽、集郵、釣魚、聽ＣＤ、看電影，什麼地方可以吃到暴紅的小吃，怎樣安排假期的節目……這些都是一般人饒有興趣的話題。特別是有世界著名的音樂家、樂團前來表演的時候，或是有特別賣座的好戲、好影片上演的時候，這些更是惹人關注的閒談話題。

六、轟動一時的社會新聞也是熱鬧的閒談話題

若你有些特有的新聞或特殊的意見，那足可以把一批聽眾吸引到你的周圍。

七、政治和奉教

倘若與你遇到的人，大家在政治上的見解頗爲接近，或是具有共同的宗教信仰，那這方面的話題，就變成最生動、最熱烈、最引人入勝的了。

八、笑話

當然，人人都喜歡聽笑話，假如你構思了大量的笑話，而又富有說笑話的經驗的話，那你恐怕是最受人歡迎的人了。

與人閒談是人際交流中必要的環節，但是需要注意的是，很多人在閒談中往往把握不好分寸，甚至說一些不負責任的閒話，而這些閒話中難免會涉及到別人的是非，如果說得多了，難免會傷害到一些人。

常聽到這樣一句評價人的話：「這個人說話不經過大腦。」就是指有的人在閒談中不注意分寸，有些話沒經過思考就說出來了，完全沒有顧及到聽者的反應。

小夏是個大學生，因為長相可愛，性格開朗，所以結交了不少的朋友。但是很

快，小夏就發現了一個問題：那些朋友和她交流過幾次之後，就不再與她來往了。小夏也弄不清楚到底是什麼原因造成的。

後來有一次，一個和小夏關係還不錯的朋友告訴了她問題的所在。

「小夏，你有的時候說話太傷人了。」這個朋友說，「你說的話可能不是有心的，也不是故意想傷害別人，可是你的話還是傷了別人。」

「是這樣嗎？我怎麼不知道？」

「就說參加同學聚餐那次吧，當時有個很胖的女孩子，你還記得吧？」

「記得。」

「你在吃飯的時候不停地說什麼胖的人容易得病，性格不好等，雖然我們都知道你不過是閒談而已，但是你說的時候完全沒有考慮到那個女孩的感受。那個女孩當時幾乎什麼東西都不敢吃，回去的路上她還哭了呢，說她也不想那麼胖。」

「但是，我並沒有說她，只是因為說到時下減肥的話題時才說起來的。」小夏為自己辯解。

「是這樣沒錯，可是你的話畢竟是傷到別人了，雖然你是無心的。」朋友嚴肅地對小夏說。「不管和什麼人在一起，都要注意自己的言行，否則你的一句無心的話，可能傷害到了別人，自己也被人疏遠了。」

《智慧書》的作者、哲學家葛萊西安在書中就說過這樣的話：「沒有一個人類的活動像說話一樣需要小心翼翼，因爲沒有一種活動比說話更頻繁、更普通的了，甚至我們的成敗輸贏都取決於說的話。」

在人際交往中，人們主要是從交談中瞭解一個人思想和修養的，即使是非正式場合下的閒談，你的言行也都在透露出你的品德。人們就是根據一人的言語對其表示喜歡或者排斥。因爲不論你的學歷有多高，你的財富有多少，你的言語都像畫筆一樣勾畫著你的形象，尤其是在閒談中的言語，更能很好的反映出一個人的修養。沒有人願意和一個缺乏修養的人建立什麼感情的。

愛琳決定和她的朋友蘇珊斷絕來往了，因為她實在受不了蘇珊的毛病。

「我和蘇珊經常在一起閒談，本來女人之間聊天閒談也沒什麼，可是蘇珊總喜歡在我面前說別人的是非，而且還都是一些雞毛蒜皮的小事，令人難以忍受。」

「有一次，她在我面前大談婚姻問題，還提到現在的女孩喜歡和比自己大很多的男人戀愛，她覺得那樣的婚姻沒有互相理解的基礎，有隔代的差距，是不會幸福的。雖然我知道蘇珊的話並沒有針對任何人，但是當時我妹妹就在和比她大很多的男人戀愛，這蘇珊也知道，她的話讓我非常不舒服。」

「所以我不打算和她繼續做朋友了，與其把時間浪費在聽她閒談別人的是非上，不如和別的朋友在一起聊一些有意義的話題呢！」

在閒談中，一定要掌握一些技巧，不要隨意地評價某人，即使這個人並不在現場也一樣。談一些大家共同感興趣的話題，避免說一些容易讓大家感到消極的、不願意談及的話題，更不要把自己或別人的隱私當作公共話題來議論。特別是要注意在說笑話或者調侃的時候，不要讓別人感覺你是一個不夠穩重和沒有教養的人。

最好的辦法就是在別人閒談中留心大家感興趣的話題，然後加入進去。或者乾脆談一些諸如經濟、體育、娛樂、天氣等比較不容易得罪人的話題。還要注意的是，在說話的時候留意對方的反應，以判斷你的話題是否合適，方便做適時的調整。還有就是要避免在說話的時候與人發生爭論，即使有也要想辦法避開。

千萬要記住，不要因爲閒談中的無心之舉而失去了朋友。

02 站在朋友立場為他說話

人生得一知己是幸運的，許多事不必說他就能心領神會，知己深知你心中的每一根琴弦和音調，在你剛剛彈出第一個音符的時候，他已經知道了整個樂曲的內容。這就是歷史上高山流水的美談，這就是白居易「同是天涯淪落人，相逢何必曾相識」的感歎。

生活本來就充滿矛盾，這是人與人之間產生誤解和隔閡的根源，是通向友誼王國的「攔路虎」。與真心朋友交往就要給對方多一些理解，多站在別人的立場和角度來爲他著想，這也就是所謂的「穿朋友的鞋子」。

古人說：「同師曰朋，同志曰友。」《世說新語》裡記載，管甯和華歆同席讀書，同師教導，其朋友之情有多深厚，不得而知，但割席絕交是一件極其讓人痛心的事。古代聖賢講究君子安貧樂道，恥言富貴，管甯割席的緣由正是華歆有崇尚富貴之嫌。人們歷來讚賞管寧的品節高尚，但從社交之道來看，管寧就因爲一點點「富貴之嫌」，就無絲毫規勸，輕而易舉地「廢」掉了人生占重要地位的友誼嗎？

其實，管甯對朋友似乎太苛刻了，他們之間缺乏理解和體諒。實際上，人各有志，人各有異，朋友之間是一個個獨立的個體；再者，世界也是絢麗多彩的，事物也是複雜多樣的，因而人的思想和見解不可能統一在同一個水平線上。有人愛吃飯，有人愛吃菜；有人愛喝茶，有人愛喝咖啡；有人喜歡跳舞，有人喜歡武術。所以我們交友不一定得要求別人各個方面都完全符合自己，我們只要取其志同道合、情投意合這一兩點，就可以與他結爲朋友，最後發展爲知己。

很多人往往習慣將自己的想法、意見強加給朋友，總覺得自己的做法、意見才是最好的。雖然出發點都是好心的，都是爲了幫助朋友解決某些問題，但是卻始終沒有站在對方的立場上想過這樣是否適合。所以當我們和朋友商談事情時，我們不應該先自我確定標準和結論，應該站在對方的立場仔細想想，關心詢問對方對這件事情的看法和應該如何解決這個問題，而不是直接講一番自我的大道理來逼迫對方接受。

說什麼話，做什麼事，都多站在對方的立場上出發。這是成功學大師卡內基曾總結出的一條重要的交際經驗。

因爲人們在交流中，分歧總占多數。卡內基希望縮短與對方溝通的時間，消除差異，提高會談的效率，爲此，他苦惱了好久。直到有人給他講了一個故事——犯人的權利，他才從中領悟到這條交際原理。

據說，某犯人被單獨監禁。有一天，他忽然嗅到了一股萬寶路香菸的香味。於是，他走過去，透過門上一個很小的縫隙口，看到門廊裡有個衛兵深深地吸了一口菸，然後很享受的吐出來。這個囚犯很想要一支香菸，所以，他用手客氣地敲了敲門。

衛兵慢慢地走過來，傲慢地喊：「想要什麼？」

囚犯回答說：「對不起，請給我一支菸……就是你抽的那種：萬寶路。」

衛兵誤以為囚犯是沒有權利的，所以，他用嘲弄的神態哼了一聲，就轉身走開了。

這個囚犯卻不以為然。他認為自己有選擇權，他願意冒險測試一下自己的判斷，所以他又敲了敲門。這回，他的態度是威嚴的，和前一次明顯不同。

那個衛兵吐出一口菸霧，惱怒地轉過頭，問道：「你又想要什麼？」

囚犯回答道：「對不起，請你在三十秒之內把你的菸給我一支。不然，我就用頭撞這混凝土牆，直到弄得自己血肉模糊，失去知覺為止。如果監獄當局把我從地板上弄起來，讓我醒過來，我就發誓說這是你幹的。當然，他們絕不會相信我。但是，想一想你必須出席每一次聽證會，你必須向每一個聽證委員證明你自己是無辜的；想一想你必須填寫一式三份的報告；想一想你將捲入的事件吧——所有這些都只是因為你拒絕給我一支劣質的萬寶路！就一支菸，我保證不再給你添麻煩了。」

最後，衛兵從小窗裡塞給他一支菸。為什麼呢？因為這個衛兵馬上明白了事情的得失利弊。

這個囚犯看穿了衛兵的弱點，因此達成了自己的要求——獲得一支香菸。

卡內基透過這個故事想到自己：如果自己能站在對方的立場上看問題，不就可以知道他們在想什麼、想得到什麼、不想失去什麼了嗎？僅僅是轉變了一下觀念，學會站在朋友的立場看問題，卡內基就立刻獲得了一種快樂——發現一種真理的快樂。

也許你會質疑：「站在對方的立場上說來容易，實際要做的時候卻很難。」沒錯，站在對方立場來說話確實不容易，但卻不是不可能。許多口才不錯的人都能確實做到這一點。因爲若不如此做，談話成功的希望就可能是很小的。真正會說話的人，善於努力地站在他人的角度來設想，並且樂此不疲。然而，他們也並非一開始就能做得很好，而是從一次次的說服過程中吸收經驗、記取教訓，不斷培養自己養成這種習慣，最後才達到這樣的境界。因此，只要你願意，這並不是件太大的難事。

站在對方的立場上思考和說話，設身處地的爲別人著想，往往能讓人非常感動。現在有一個很流行的說法是「理解萬歲」，一個人最大的痛苦之一就是沒人理解，如果我們能站在他的立場上說話，那對於他來說是一種莫大的幸福。

美國汽車大王福特說過：「如果說成功有秘訣的話，那就是站在對方立場上認識和思考問題。」如果你與別人意見不一致了，假若能站在對方的立場上認識和思考問題，你也許會發現自己錯了。而且如果你肯主動承認錯誤，就會使矛盾很快得到解決，還能贏得他人的喜歡。

03

對朋友勿濫用恭維的話

假如你到一個朋友家去，你的朋友對你異常客氣，你每說一句話他只是「唯唯」而答，和你說話時他總是滿口客套，唯恐你不歡，唯恐得罪了你。在這種情況下，你一定覺得如芒刺背，坐立不安，直到離開他家，才覺得如釋重負。

這種情形你大概遇見過不少，但是你必須想一想，你是否也如此對待過來客呢？雖然是客氣，但這種客氣顯然是讓人受不了。「己所不欲，勿施於人」，請記住這句名言。

剛開始會客時的幾句客套話倒沒什麼，若繼續說個不停就不太妥當了。談話的目的在於溝通雙方的感情，加深雙方的瞭解，而客套話則恰恰是橫阻在雙方中間的牆，如果不把這牆拆掉，人們只能隔著牆做一些簡單的敷衍酬答而已。

大概朋友們初次會面都略談客套，而第二、第三次見面就免去了許多客套。那些「閣下」、「府上」等名詞如果一直用下去，則真摯的友誼必然無法建立。

客套話是表示你的恭敬和感激的，不是用來敷衍朋友的，所以要適可而止，多用就會流於迂腐、流於浮華、流於虛僞。有人替你做了一點小小的事情，比如說倒一杯茶，你說「謝謝」也就足夠了。要是在特殊的情況下，也最多說「對不起，這事情要麻煩你」就可以了，但是有些人卻要說「呵，謝謝你，真對不起，不該這點小事也麻煩你，真讓我過意不去，實在太感謝了……」等一大串客套話，你在旁邊看的人也會感到不舒服的。

說客套話的時候要充滿真誠，像背熟了的唐詩般瀉出來的客套話最易使人討厭。說話時態度更要溫和，不可顯出急忙緊張的樣子。此外，說客氣話時要保持身體的平衡，過度的打躬作揖、搖頭彎身並不是一種雅觀的動作。

把平時對朋友太客氣的語言改成坦率的詞語，你一定能獲得更多的友誼。對平時你從未表示客氣的人們稍說一些客氣話，如家中的傭人、你的孩子、商店的夥計、計程車司機等，你一定會收到意想不到的好處。

要避免過分的客氣。在一個朋友家中，如果你顯得隨便自然一些，主人也就不會過分地客氣了。而當你是主人的時候，你也可以運用這一方法。

缺乏真誠而刻板的客氣話，絕不會引起聽者的好感。「久仰大名，如雷貫耳」、

「貴公司生意一定興隆發達」、「小弟才疏學淺，請閣下多多指教！」這些缺乏感情的，完全是公式化的恭維話，若從談話藝術的角度來看，是非改正不可的。

說話要實在不要虛假，這是說話所需具備的條件之一。與其空泛的說「久仰大名，如雷貫耳」，毋寧說「你的小說真是文筆流暢，情節動人，讓人愛不釋手」等話。倘若恭維別人生意興隆，不如讚美他推銷產品的能力，或讚美他的經營方針。請人「指教一切」是不可能的，你應該擇其所長，集中於某一兩個問題請他指教，這樣他一定高興得多。

說恭維或讚美的話一定要切合實際，到別人家裡與其亂捧一場不如讚美房間佈置得別出心裁，或欣賞牆上的一幅好畫，或驚歎一個盆景的精巧。如果主人愛狗，你應該讚美他養的狗；如主人養了許多金魚，你應該欣賞那些金魚。

讚美別人的工作成績、最心愛的寵物、最費心血的設計，比說上許多無謂空泛的客氣話要好得多。

04 說話時注意維護朋友面

一般來說，人們對於自尊往往存有不容侵犯的保護意識，因此，一旦個人的自尊遭受侵犯或攻擊時，即使對方過後表示歉意，恐怕也已無法彌補雙方已損傷的關係。相反的，如果你能顧及對方的自尊，處處爲對方的自尊著想，那麼，對方必然會因此對你表示友好與感謝。

俄國作家屠格涅夫有一次在街上散步，一個窮人走過來向他乞討。他伸手到口袋裡摸了好一會兒，抱歉地說：「兄弟啊，對不起，實在對不起，我沒帶吃的東西出來，錢袋也丟在家裡了。」那人突然緊緊地拉住了他的手，連聲說：「謝謝您，謝謝您！」屠格涅夫既慚愧又驚異地問：「你謝我什麼呢？」那人回答：「我原來只是想找點東西吃了以後就去自殺，沒想到你稱我為兄弟，給了我活下去的勇氣！」

一聲「兄弟」竟然喚起了一個絕望的人求生的勇氣，屠格涅夫的言行何以有這麼大的力量呢？這是因為他的言行之中包含了任何一個正常人都需要的東西——自尊。

自尊之心，人皆有之。人們一旦投入社交，無論他的地位、職務多高，成就多大，無不關心外界對自己的評價。由於來自外界評價的性質、強度和方式不同，人們會相應地做出不同反應，並對交際過程及其結果產生積極或消極的影響。通常的規律是：尊之則悅，不尊則哀。換言之，當得到肯定的評價時，人們的自尊心理得到滿足，便會產生一種成功的情緒體驗，表現出歡愉樂觀和興奮激動的心情，進而「投桃報李」，對滿足自己自尊欲望的人產生好感和親近力，採取積極的合作態度，交際必然向成功的方向發展。反之，當人們不受尊重，受到不公正的評價時，便會產生失落感、不滿和憤怒情緒，進而出現對抗姿態，使交際陷入危機。

陳文進公司不到兩年就坐上了部門經理的位置，但是有些下屬不服他，有的甚至公開和他作對，錢誠就是其中的一位，他們本來還是好朋友。自從陳文做了部門經理之後，錢誠就經常遲到，一週五天的工作日，他甚至四天遲到。

按公司規定，遲到半小時就按曠工一天算，是要扣薪資的。問題是，錢誠每次遲到都在半小時之內，所以無法按公司的規定進行處罰。陳文知道自己必須採取辦法制止錢誠的這種行為，但又不能讓矛盾加深。

陳文把錢誠叫到辦公室：「你最近總是來的比較遲，是不是有什麼困難？」

「沒有，塞車又不是我能控制的事情，再說我並沒有違反公司的規定呀！」

「我沒別的意思，你不要多心。」陳文明顯感覺到了對方的敵意。

「如果經理沒什麼事，我就出去做事了。」

「等等，錢誠你家住在體育館附近對吧！」

「是啊！」錢誠疑惑地看著對方。

「那正好，我家也在那個方向，以後你早上在體育館東門等我，我開車上班可以順便載你一起來公司。」

沒想到陳文說的是這事，錢誠反而有些不好意思，喃喃地說：「不，不用了……你是經理，這樣做不太合適。」

「沒關係，我們是同事，幫這個忙是應該的。」

陳文的話讓錢誠臉上突然覺得發燙，人家陳文雖然當了經理，還能平等地看待自己，而自己這種消極的行為，實在是不應該。事後，他們的朋友關係又「正常化」了。

學會維護他人的自尊心，你會得到越來越多的新朋友，老朋友對你的感情也會越來越深。這樣你的友情網路會更加牢固。

與其傷朋友的面子，不如給他面子，讓他欠你的情，那麼他日後回報的面子一定大於你給他的。

有時候你知道你朋友的做法是錯誤的，直接提建議可能會傷害到彼此的感情，不如就採取迂回的方式對他說：「雖然你有你的生活方式，可是我覺得如果你這樣做，會更好。」或者「這件事那樣做是不對的，我相信你是不會那樣做的，對不對？」

05 要給朋友「同感」理解

朋友之間應該互相幫助，一對好朋友彼此坦誠相待，真誠相助，雙方就會有「不是親人，勝似親人」的感覺。當自己有不懂的地方向對方請教後，終於解開了疑惑，自己也由此獲得知識，你對對方的尊重更會加深。

人與人之間情感的溝通，是交往得以維持並向更爲密切方向發展的重要條件，是人對客觀事物所持態度的內心體驗。情感溝通是由兩部分組成：一是「共鳴」，即對同一事物或同類事物具有相仿的態度及相仿的內心體驗；二是「振盪」，即由於「共鳴」而雙方情緒相互影響，以致達到一種比較強烈的程度。前者是找到共同語言，後者是掏出心來，心心相印。

所謂「同感」，就是對於對方所述，表示自己有同樣的想法和經歷。比如吳倩以十分認真的語調告訴她的好朋友李蓉，她想自殺。李蓉不是去問她爲什麼，也不板起臉孔說教一番，而是說：「是啊，我曾經也有過同樣的想法，記得是那天發生的一件事，使我看到了人為什麼要勇敢地活下去……」結果吳倩就輕鬆地談起了她的煩惱與苦悶。李蓉邊聽邊點頭，表示理解和關注。後來吳倩不但勇敢地活下去，並且做出了成績。她和那位善解人意的李蓉的友誼愈來愈深了。

要想達到與人情感溝通，就要重視對方。當對方對某一事物表露出一種情感傾向時，你就要對他所說的這件事表達同樣的感受，而且激烈些，於是你們就聊開了。

情感溝通的程度，以每當回憶起這段交往時，所導致的興奮程度為標準。比如，當你讀到友人來信中的下面這段話，你倆的感情就絕不會變得冷漠。「不知怎的，你在上次談論中的一舉一動、一言一語都給我留下深刻的記憶，竟是那麼清晰動人。真的，我很高興與你一起度過了那個下午……」當對方常常聯想到這段交往時，就伴著愉悅的心境，則這種溝通也就達到了。

這就是心靈的溝通。

06

對朋友的祕密守口如瓶

有的人每當遇上些傷心事，譬如涉及家庭糾紛、生理缺陷和個人安危之類的個人「隱私」，一個人悶在心裡實在很不舒服，往往希望能在摯友面前傾訴，但在朋友面前傾吐的祕密不希望讓其他人知道。

只有爲朋友保守祕密、守口如瓶，才能得到朋友的信賴，友誼才能不斷加深。

古時候，有個小國的使者到相鄰的大國朝見，進貢了三個一模一樣的金人，價值連城，讓皇帝高興極了。

可是這小國的使者同時出了一道題目：「這三個金人哪個最有價值？」以證明大國人才濟濟。

皇帝想了許多的辦法，請來珠寶匠檢查，稱重量，看做工，沒有任何區別，都是一模一樣的。怎麼辦？使者還等著回稟呢！泱泱大國，不會連這種小事都不懂吧？最後，有一位老大臣說他有辦法。

皇帝將使者請回大殿，老臣胸有成竹地拿著三根稻草，插入第一個金人的耳朵裡，稻草從另一邊耳朵出來了，第二個金人的稻草從嘴巴裡直接掉了出來，而第三個金人，稻草進去後掉進了肚子，什麼響動也沒有。老臣說：「第三個金人最有價值！」使者回答：「答案正確。」

稻草從第一個金人另一邊耳朵掉出來，這是指這個金人聽事卻不記事；第二個金人的稻草從嘴巴裡出來，就是說這個金人聽事後就隨意傳播出去；而最後那個金人的稻草卻掉進了肚子裡，說明他把事情保守得很好，不會輕易向他人宣揚。我們做人也應該是這樣，只有能保守祕密不傳閒話的人才最有人緣。

美國人交朋友有不少準則，而其中，交友的第一條準則是「爲朋友保守祕密」。乍一聽，令人感到有些奇怪，爲什麼不是別的，偏偏把「爲朋友保守祕密」定爲第一準則呢？

隱私權在西方社會是一種很普遍的公民權利，是最基本的人權之一。比如，自己的私生活，一般不會讓朋友過問；自己的財產，也不會輕易向朋友公開；除非受到邀請，是不會隨便去朋友家中「串門子」的；除非相約，是不會與朋友一起「吃一頓」的……

事實上，對隱私權的保護，我國早已有之，古代聖賢大儒均視其爲人性的基本部分，對其極爲尊重。從我國的建築風格來看，無論王侯豪宅，還是百姓草堂，外皆有高牆圍護，內設院落分隔，既有曲徑相通，又有門窗相隔，無非是爲保護自己有一個相對幽靜、自由的空間，免受煩擾，放鬆身心，這不就是在保護隱私嗎？

朋友把自己的「隱私」告訴了你，即證明了他對你的信任程度。對此，你只有爲他分憂的義務，沒有把這種「隱私」張揚出去的權力。如果不能做到保密，而熱衷於流言蜚語，將朋友的祕密公之於眾，就可能引起不少人的風言風語，甚至將事實歪曲，這樣不僅不利於解決問題，還可能會將事情弄糟。更重要的，你還會因此失去朋友，甚至會失去周圍同事對你的信賴，最終成爲孤家寡人。

07

讓朋友表現得比你出色

每個人都希望自己比別人優秀，我們在對待朋友時，要儘量讓其表現得比你出色，這樣既表現出自己的謙虛，又讓朋友喜歡你，達到融洽的交際關係，兩全其美的事情，何樂而不爲呢？

安德魯・卡內基是美國的鋼鐵大王，他白手起家，既無資本，又無鋼鐵專業知識和技術，卻成為舉世聞名的鋼鐵鉅子，這當中充滿著神奇的色彩，使許多人迷惑不解。

有一位記者好不容易才令卡內基接受採訪，他迫不及待的劈頭問：「您的鋼鐵事業成就是公認的，您一定是世界上最偉大的煉鋼專家吧？」

卡內基哈哈大笑的回答：「記者先生，您錯了，煉鋼學識比我強的，光是我們公司，就有兩百多位呢！」

記者詫異道：「那為什麼您是鋼鐵大王？您有什麼特殊的本領？」

卡內基說：「因為我知道如何鼓勵他們，使他們能發揮所長為公司效力。」

確實，卡內基創辦的鋼鐵業是靠其一套有效發揮員工所長辦法取得發展的，卡內基的鋼鐵廠因產量上不去，效益甚差。卡內基果斷地以一百萬美元年薪，聘請查理・斯瓦伯為其鋼鐵廠的總裁。

斯瓦伯走馬上任後，鼓勵日夜班工人進行競賽，這座工廠的生產情況迅速得到改善，產量大大提高，卡內基也從此逐步走向鋼鐵大王的寶座了。

可見，卡內基是十分聰明的，如果他自命是最偉大的煉鋼專家，那麼，至少會導致一些水準與其不相上下的專家不肯爲其效力，即使是斯瓦伯這樣的管理專家，也不會被看重使用，而人們也不會如此敬仰卡內基了。法國哲學家羅西法古說：「如果你要得到仇人，就表現得比你的朋友優越吧；如果你要得到朋友，就要讓你的朋友表現得比你優越。」

爲什麼這句話是事實？因爲當我們的朋友表現得比我們優越，他們就有了一種重要人物的感覺，但是當我們表現得比他還優越，他們就會產生一種自卑感，造成羨慕和嫉妒。

紐約市中區人事局最得人緣的工作介紹顧問是亨麗塔，但是過去的情形並不是這樣。在她初到人事局的頭幾個月當中，亨麗塔在她的同事之中連一個朋友都沒有。為什麼呢？因為每天她都使勁吹噓她在工作介紹方面的成績、她新開的存款戶頭，以及她所做的每一件事情。

「我工作做得不錯，並且深以為傲，」亨麗塔對拿破崙．希爾說，「但是我的同事不但不分享我的成就，而且還極不高興。我渴望這些人能夠喜歡我，我真的很希望他們成為我的朋友。在聽了你提出來的一些建議後，我開始少談我自己而多聽同事說話。他們也有很多事情要吹噓，把他們的成就告訴我，比聽我吹噓更令他們興奮。現在當我們有時間在一起閒聊的時候，我就請他們把他們的歡樂告訴我，好讓我分享，而只在他們問我的時候我才說一下我自己的成就。」

蘇格拉底也在雅典一再地告誡他的門徒：「你只知道一件事，就是你一無所知。」

無論你採取什麼方式指出別人的錯誤：一個蔑視的眼神，一種不滿的腔調，一個不耐煩的手勢，都有可能帶來難堪的後果。你以爲他會同意你所指出的嗎？絕對不會！因爲你否定了他的智慧和判斷力，打擊了他的榮耀和自尊心，同時還傷害了他的感情。他非但不會改變自己的看法，還要進行反擊，這時，你即使搬出所有柏拉圖或康得的邏輯也無濟於事。

永遠不要說這樣的話。「看著吧！你會知道誰是誰非的。」這等於說：「我會使你改變看法，我比你更聰明。」這實際上是一種挑戰，在你還沒有開始證明對方的錯誤之前，他已經準備迎戰了。爲什麼要給自己增加困難呢？

要比別人聰明，但不要告訴人家你比他更聰明。

08

說話如何做到低調

所謂低調，換句話說，就是不要留給別人下張狂的印象。自滿自得、自高自大地炫耀自己往往是愚蠢無知的表現。過分的自我感覺良好實際上是一種無知，讓人得一時之快，但實際上常常有損於自己的名聲。這不是一種會說話的表現。

富蘭克林早年為自己的成功而自鳴得意，他那種過分自負的態度，使別人看不順眼。有一天，一位好友把他叫到一旁，勸告了他一番，這一番勸告改變了他的一生。

「富蘭克林，像你這樣是不行的，」那個位好友說，「凡是別人與你的意見不同時，你總是表現出一副強硬而自以為是的樣子。你這種態度令人覺得如此難堪，以致別人懶得聽你的意見了。你的朋友們覺得不和你相處時，會覺得自在些。你好像無所不知無所不曉，別人對你無話可講了。的確，人人都懶得來和你談話，因為他們費了許多力氣，反而覺得不愉快。你以這種態度來和別人交往，不去虛心聽取別人的見解，這樣對你自己根本沒有任何好處。你從別人那兒根本學不到一點東西，但是實際上你現在所知道的卻很有限。」

富蘭克林聽了，覺得無話可說。他訕訕地站起來，一邊拍著身上的灰塵，一邊說：「我很慚愧。不過，我實在也是很想有所長進。」

「那麼，你現在要明白的第一件事就是，你已經太蠢了，現在還是太蠢了。」

他又受了一下打擊，不過他站起來的時候，他已經下決心把一切驕傲心都拋在地下，重新審視自己的交友態度。

如果那位好友不給他這一番嚴厲的說教，促使他變得謙卑起來，那麼他後來的結果怎樣，我們不得而知。不過從那次以後，他完全改變爲另一個人了。以前他總是驕傲，總是炫耀他過去的才能；後來他開始低調、謙虛，獲得了許多良師益友，爲他的事業出謀劃策，最終他成爲一個有用的人。

想要讓自己低調一點，其根本在於澆滅內心深處的驕傲之火，以一種平靜、謙虛的心態來贏得別人的心。

輕狂傲慢的人在任何時間、任何地點都不願放下架子，自高自大，不願和人主動親近，對人冷淡、清高，習慣性地在人們面前賣弄自己的特長和優點，時刻對他人居高臨下。然而，歷史上許多偉大的人物往往是謙虛平等，自信而不輕狂的人。

在日常生活中與朋友交往，尤其是和一些地位與處境不如你的人交往，你內心是否會滋生一種高高在上的感覺？如果有，你應該及時剷除人際交往中的這種有害病症。

以低姿態出現在他人面前，往往能贏得別人的信賴，與別人建立良好的關係。假如我們有一點小小的成就，我們應該以輕描淡寫的態度來對待它，唯有如此，我們才能永遠受到他人的擁戴，讓友誼之花常開不敗。

09

對朋友中的小人物多說體貼的話

一個人要想工作順利，事業有所發展，必須廣交朋友。你的朋友中，有的你連姓名都不知道，你跟他見面時，也不過說兩三句無關緊要的客套話，甚至於有時你只是跟他點一點頭。例如，你經常到某大廈去接洽業務，經常遇見那個大廈的警衛，或是你到貨倉去提貨，經常遇見那個貨倉的守門人，或是你經常到某銀行存款，經常遇見那個櫃檯後面的出納員等諸如此類人員，你不知他姓啥名誰、何方人士，但他們或多或少地都與你的工作或生活有點關係。

你怎樣對待這些人呢？你會不會連聲招呼都不和他打？這是一個很微妙的也是一個很實際的問題。你是把他們當做陌生人，不屑一顧，大擺你的架子呢？還是對他們謙恭有禮，和藹可親，把他們當做你的好朋友？

有許多人爲了謀生出來工作，待遇很少，工作既辛苦，又單調、繁重，平常已經是受累受氣，心煩意亂，如果你對他們神氣活現，或是不理不睬，他們對你也不會有什麼好感，辦起事來，也會只顧他們自己的方便，不考慮你的方便。但是如果你把他們當做好朋友看待，平時有事沒事多與他們打打招呼，對他們有適當的尊敬與關懷，說些體貼的話，他們即使不知道你的姓名，但一看見你的面容，聽到你的聲調就已經有了好感。這時，他們就像吸進一股清風，精神爲之一振。既然他們對你印象很好，那麼，他們除了自己的方便之外，也會兼顧到你的方便：大廈的警衛會主動的爲你開門，貨倉的守門人會替你找搬運工，銀行、保險公司、郵局、物業公司的職員們也都會在你需要的時候給你或大或小的方便。

不要小看這些「窮朋友」，在平時不僅能給你帶來不少便利，節省大把的時間，而且說不定在那些不起眼的小人物當中隱藏著有才幹的人，能幫你更大的忙。一句話，任何身邊的人都不能忽視，尤其是那些不起眼的小人物，平時對他們多說幾句關心、安慰的話，結識到他們中間能人志士的機率就越大。

俗話說得好：「人不可貌相，海水不可斗量。」在偌大的社交圈中，我們往往會接觸到一些語不出眾、貌不驚人的人。不要瞧不起這些人，你身邊不起眼的人，將來也許會成爲你的朋友，甚至會在關鍵時刻幫你一把，最終決定你的命運。

「小人物」是不容忽視的。自古以來，許多有作爲的大人物都是由小人物脫穎而出的，自古名人多寒士。而且就所謂「大人物」來說，智者千慮，必有一失；而對地位卑微者說來，愚者千慮，尚有一得。「大人物」在許多方面都很優秀，都有過人之處，但「金無足赤，人無完人」，「大人物」身上肯定有自己的缺陷和不足；而「小人物」身上也有自己的長處和優勢，或許還是「大人物」所不能及的，由此可以彌補「大人物」的缺陷。

其實，真正的社交需四面出擊，結交三教九流，只有如此，你的社交圈子才有深度和廣度。能夠獲得各種不同類型的社交人物青睞的人，才能達到人際關係的理想境界。相反，許多人由於忽視朋友中的「小人物」，其社交圈不免存在著嚴重的缺陷，甚至有時會使他們自己大江大海蹚得過，小河溝裡卻翻了船。

10 用說笑為友誼增添酌料

有一種溝通方法多半見於朋友之間，有點兒不打不相識的味道，就是因爲彼此太熟了，所以就不必文縐縐、有模有樣的說話了。這種溝通法也有好處，不容易有心結，心裡有什麼話，就說出來。像是撒把胡椒粉，雖然讓人「哈啾」一聲打個噴嚏，但是「噴」完了，也就沒事了。

蕭伯納和邱吉爾兩人，雖然一個在文壇，一個在政界，但卻是相知的好朋友。兩個人的關係，由他們之間信函往來的內容就看得出來。

蕭伯納有一場新劇要在倫敦首演。他特別送了兩張入場券給邱吉爾，還附上一張寫著寥寥數語的短信。

「附上拙作演出入場券兩張，一張給你，一張給你的朋友——如果你還有朋友的話。」

在政界一向飽受競爭者攻擊的邱吉爾看了哈哈大笑，隨即回了一封也只寫了幾句話的短信。

「很抱歉，我今晚沒空，但是我會和朋友明晚去觀賞——如果你那場戲明晚還能繼續上演的話。」

新劇上演前，蕭伯納一位要好的在銀行工作的朋友也寫了一封信給他；

「聽說你的新劇就要上演了，送給我前排的入場券十張，以便分送朋友觀賞如何？」

這位朋友也收到了蕭伯納回信。

「聽說貴行的新鈔票已經出籠了，送給我大額票面的鈔票十張，以便分送親朋好友花用如何？」

有著高明的「說笑」技巧的說話高手，在朋友群裡一向都會是最受歡迎的人物。說笑的時候大可放心，因爲傷不了人，所以一旦遇到有什麼狀況發生，心胸寬大地拿自己來嘲笑一番，最能擄獲人心。讓人哈哈一笑，不但化解了尷尬，也放鬆了大家的緊張情緒，可真是功德一樁。

有一回宰相王安石騎馬遊極甯寺，馬兒由朋友牽著，王安石坐在馬上放眼流覽四周的景致，心情十分愉快。

沒想到，朋友一個疏忽，竟然讓馬兒受驚，馬失前蹄，王安石由馬背上摔了下來，這下大夥兒可緊張了，尤其是朋友緊張得手足無措。

眾人趕快扶起王安石，幸好他毫髮無傷。王安石看了看嚇得直打哆嗦的朋友，一言不發地跨上馬背，然後說：「幸虧我的名字叫做王安石，要是叫王安瓦，這下可要摔得粉碎了！」

一句話說罷，他用鞭子輕打了一下馬屁股，繼續向前行進，一句妙語讓四周的人哈哈一笑，解除了緊張的場面。朋友也鬆了一口氣。

你可以發現，在朋友之間，懂得如何說笑的人是最受人歡迎的，但是一般人需要心理上的調整，才能夠培養這種能力。照著以下的方法自我調適，就能讓人際關係向前更邁進一步。

一、放下身份

不管是什麼身份，如果想要受人歡迎，就得放下身段。想想看，誰會接近一個成天緊繃著臉，眼睛長在頭頂上的人呢？

二、把話說得親切點兒

話說得太高雅了，就會拉出距離。「嗨！穿得這麼美幹什麼？要迷死人啊？」這句恭維話就比「嗨！你今天穿的衣服非常漂亮」要來得親切。

三、偶爾裝點兒瘋，賣點兒傻

沒有人喜歡成天看一本正經的苦瓜臉，偶爾裝點兒瘋，賣點兒傻，就算嘴裡講著歪理，也不會有人怪你，反而會跟著輕鬆起來插科打諢一番。

不僅是朋友之間，如果夫妻、親子之間也以這種方式相處，就會有一個甜蜜溫馨，讓人一下了班就想要趕回去的心。

四、說起話來可別像老師上課

就算再有道理，也別把話說得硬邦邦，讓人聽了不舒服。在朋友之間說理，只要點到為止，別成天婆婆媽媽的，讓人見了就退避三舍。

五、把熱情拿出來，把誠懇寫在臉上

朋友之間遇到麻煩需要有人處理時，儘管舉起手來大聲說：「讓我來！」時常打個電話問候一下，別在有求於人時才登門拜訪，結結巴巴地說：「無事不登三寶殿。」

朋友之間需要的是輕鬆良好的氛圍，用說笑增添酌料，這樣友誼之樹才能長青，朋友間的關係才會更融洽。

戀愛話語

如何與情侶
說話的技巧

CHAPTER.02

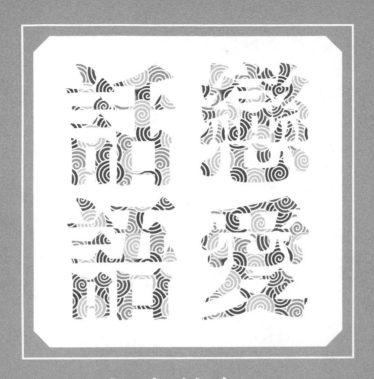

01 如何說才能打動芳心

生活中有不少青年朋友，當愛情叩響心扉之時，雖然不乏興趣和激動，但更多的是不知所措，想讓心中的她（他）知道，卻又害怕讓她（他）知道，最後致使「美好姻緣」失之交臂，留下深深的遺憾。

狄更斯的《大衛・科波菲爾》中有個故事：大衛愛上了朵蘿，卻不敢表白，朵蘿的好友密爾小姐看出了他的意思，對他說：「泉水不能掩住，要讓它噴射；土壤不能閑著，必須耕耘；春天的花得及時攀折。」

聰明的青年朋友或許已經領悟了其中的奧秘：愛就要行動。也就是說，當你愛上一個人時，就應該不失時機地向對方表明自己的愛。

其實表達愛意是每個人的權利，鼓起勇氣，大膽的說出自己的心意，才有可能獲得對方的愛情。

一八六六年，對陀思妥耶夫斯基來說是十分困難的一年，他的妻子瑪麗亞和他的哥哥都在這一年相繼病逝。為了還債，他為出版商趕寫小說《賭徒》，請了速記員，她叫安娜·格利戈里耶夫娜，一個年僅二十歲、性情異常善良和聰明活潑的少女。

安娜非常崇拜陀思妥耶夫斯基，工作認真，一絲不苟。書稿《賭徒》完成後，陀思妥耶夫斯基已經愛上了他的速記員，但不知道安娜是否願意做他的妻子，於是，他便把安娜請到他的工作室，對安娜說：「我又在構思一部小說。」「是一部有趣的小說嗎？」她問。「是的。只是小說的結尾部分還沒有安排好，一個年輕姑娘的心理層面我無法預料，現在只有求助於你了。」他見安娜在諦聽，繼續說：「小說的男主角是個藝術家，已經不年輕了……」

安娜忍不住打斷他的話：「你幹嘛折磨你的男主角呢？」「看來你好像很同情他？」作家問安娜。

「我很同情，他有一顆善良的、充滿愛的心。他遭受不幸，依然渴望愛情，熱切期望獲得幸福。」陀思妥耶夫斯基有些激動，並接著說：「用作者的話說，男主角遇到的姑娘，溫柔、聰明、善良，通達人情，算不上美人，但也相當不錯。我很喜歡她。」

「但很難結合，因為兩人性格、年齡懸殊。年輕的姑娘會愛上藝術家嗎？這是不是心理上的失真？我請你幫忙，聽聽你的意見。」作家徵求安娜的意見。

「怎麼不可能！如果兩人情投意合，她為什麼不能愛藝術家？難道只有相貌和財富才值得去愛嗎？只要她真正愛他，她就是幸福的人，而且永遠不會後悔。」

「你真的相信，她會愛他？而且愛一輩子？」作家有些激動，又有點猶豫不決，聲音顫抖著，顯得既窘迫又痛苦。

安娜怔住了，終於明白他們不僅僅是在談文學，而且是在構思一個愛情絕唱的序曲。安娜小姐的真實心理正如她自己所言，她非常同情男主角，即作家陀思妥耶夫斯基的遭遇，且從內心裡愛慕這位偉大的作家，如果模棱兩可的回答他的話，對他的自尊和高傲將是可怕的打擊。於是安娜激動的告訴他：「我將回答，我愛你，並且，會愛一輩子。」

後來，他們結為伉儷。在安娜的幫助下，陀思妥耶夫斯基還清了壓在身上的全部債務，並在後半生寫出了許多不朽之作。陀思妥耶夫斯基向安娜求愛的妙計，後來被世人傳為愛情佳話。

像陀思妥耶夫斯基那樣，在不敢肯定對方是否也有意於自己時，可以實話虛說，既能摸清楚對方的心理，又能避免在遭受拒絕時的尷尬。當你有了喜愛的人，一定要抓住時機，表白你的愛意，否則很有可能與心愛的人失之交臂。以下幾點需要注意：

一、說出心中的「我愛你」，一定要根據雙方的性格特徵、文化素養、感情發展程度以及社會風尚等情況，選擇適當的方式。

二、如果你對自己並沒有十分的把握，最好不要唐突地去表白。可以借助對方的興趣和愛好，製造彼此相處的機會，抓住時機表現自己，循序漸進地讓對方愛上你。

三、如果你能確定對方的心裡也有你，可以開門見山的表白你的心跡。

四、可以巧用物體為媒介，借用這種媒介表達自己的感情。

五、可以旁敲側擊地表白你的愛意，利用一些潛臺詞來試探對方的心思。

02 如何打動男孩子的心

會與男人溝通的女孩，通常把約會當成一種積極而快樂的經驗，所以她很容易和男人打成一片。那麼，如何打動男孩子的心呢？

女孩通常不會拒絕求偶的「遊戲」，相反，她們卻在其中自得其樂。聰明的女孩會主動創造機會，而不是等待機會。她們享受求愛的整個過程，這個過程浸透了她的耐心和技巧。

如果你追男人，要記住耐心和高超的技巧是重要的。

有一個女孩住在一家醫院附近，她看中了一個醫生，苦於難以接近他，於是她想到一個方法。有一天，女孩雙手抱滿東西，和迎面匆匆而來的一個人撞個滿懷，東西散落一地。這個人當然就是那個醫生，他對自己的不小心連聲道歉，同時幫她撿起散落的物品。女孩一臉害羞又通情達理的說：「沒關係，你也是太忙碌了，才弄成這樣嘛！」

初次的計畫成功後，女孩每天在醫院下班時間牽著小狗在附近徘徊。幾天後，她又遇上了那個年輕醫生，兩個人攀談起來，不久成為戀人。

當你因赴約會而緊張時，有一個秘訣就是：把緊張詮釋成興奮。你應當注意不要產生這種錯覺，即在約會之後，你們「必須」互相接受對方。這種生硬的規則，使男女雙方都不能輕鬆自然地交談。

如果你和人交談時，心裡也不要總想著絕不隨便向男人讓步，你太固執不會得到他的尊重。而只有當你放棄這種可以引發「戰爭」的態度，才能真正獲得快樂。

聰明的女孩和男人交談時，不是短兵相接，而是自由自在的交談。放鬆自己，開心交談，接納話題，並不是要求失去自我，而是一種聰明的態度。

聰明的女孩不會等待，她會把和男人約會、談話當成一種樂趣。她明白男人對她說的每句話的真正含意。因爲一句玩笑，一句對工作的怨言，都可以洩露出男人內心的問題和麻煩。

在談話時，你不要認爲，只要開口，就得意味深長，不然就閉口不語，這在求愛時行不通。「空洞的」但「討人歡心」的交談，才是求愛的最佳語言。

不論是開場白還是在交談中，只要你不炫耀才華或故弄玄虛，交談就容易多了。開場白最好的策略，就是儘快地向男人進行簡單的問候。一般的女孩都很多嘴，這是女人的天性使然。

如果你很聰明，你要儘量少講話，少作沒有必要的長篇大論。只要你們語言掛上鉤，整個約會交談起來就很隨和了。

在你與男人交談時，不要總是對面站立或對面坐著，你可以將身體時而轉向外側，這樣可以減少你對他的壓力。

你的目光也不要緊盯著他，你可以將目光轉到別處去，這樣你的眼光看上去對他就沒有威脅了。

剛開始交談時，最好的策略是不要直接提到「你個人」，而要提那些你們共同見到、感覺到或心裡都知道的東西，即你們的「共同的焦點」。

共同的焦點可以拐彎抹角轉移視線，共同焦點可以是：古典音樂、世界名著、名酒等。

共同焦點是交談中的催化劑，你可以透過「共同焦點」這個間接的注意中心給你們的交談找到一條捷徑。

當你自然的使一場約會對話開始之後，你就進入了一場收集微妙語言的「戰壕戰」。

這是迷宮一般的交談階段，你們彼此都巧妙的誘使對方打破堅冰，從而進行滔滔不絕的對話。

這時你的話最好實事求是，任何僞裝和欺騙都無濟於事，只有客觀事實才最引人注目，最有效的談話就是彼此真誠相見。

03 這樣說話能使約會成功

一見鍾情的雙方向對方提出約會是件令人高興的事，但如果雙方是第一次會面，而又是透過第三者介紹才知道對方並願意接觸的話，那麼，這樣的約會，可以由介紹人分別徵求雙方的意見後，確定時間、地點，雙方按時按址赴約即可。

在有些人觀念中，認爲主動約會的一方，會有失身價，今後在戀愛過程中會被動。這樣的想法是既幼稚而又有害的。男女雙方，都可以主動提出約會。尤其是男方，在這方面更應表現出一種主動的精神和姿態。

不過，提出約會時，應注意：

一、無論是用電話、書信，還是口頭等方式的邀約，都不能以命令或生硬的口吻和態度，「逼使」對方同意；而應以溫和的商量的口氣，協商行事。

二、選擇時間地點，要充分考慮對方的赴約是否方便，最好是在商量時，讓女方

提出意見，以她的方案為主。如果女方提不出具體意見，則可以提出自己的想法，經對方同意後再作決定。

三、約會的時間地點一經確定，沒有十分特殊的情況，雙方都不能失約，不能遲到，更不可事先不通知對方，便單方面改變時間、地點。這樣做既不禮貌，也會使對方久等失望而產生情緒和誤會。

四、因交通不便或交通工具出了故障，或其他客觀原因而遲到的一方，應主動向對方表示歉意，並說明原因，請對方諒解。同時，先到的一方，對於對方因無法解決的困難而失約或遲到，也應予以充分地體諒和安慰。不可表示怒意，更不可使性子，一句話不說便丟下對方揚長而去，這樣做的結果，即使不是吹燈散夥，也會在雙方心中留下陰影。最好預先把困難想得周全一些，並在時間上留有餘地，不可限得過死，以免因意外情況而無法準時赴約。如果約會是去看電影或戲劇、體育比賽等，則雙方都應提前到達，不可延誤。一方延誤，即使對方等得焦急不安，又會因進場較晚而影響他人，顯得缺少禮貌。

第一次提出約會，態度和所說的內容，也應注意。一般來講，有原則必須遵守：

一、真誠、坦率。對對方在約會前希望瞭解的情況和提出的幾點問題，如實地介紹和回答。有一說一，有二說二，既不能有意隱瞞，更不能說謊欺騙。

二、無論是誰主動提出約會，無論是誰在追求誰，在提出約會時，都不可表現出洋洋得意之態，或以開玩笑的方式貶人褒己。要尊重對方，謙虛禮貌。

三、預約時的談話內容盡可能廣泛些，除瞭解對方的一些基本情況，還可找一些話題，交換看法，從中試探對方的觀念、水準、興趣以及對生活、對人生、對藝術等的態度與鑒賞能力。最好不直接問及對方的家庭財產以及對方以往的戀愛史等。

四、考慮到各人性格上的差異，不可要求對方立刻欣然同意，同時，自己也不可毫不觀察對方的反應，而大唱獨角戲。要善於掌握分寸，善於尋找話題，善於誘發對方見面的興趣。

04

「甜言蜜語」的妙用

男女相處的時候，甜言蜜語非常受用，尤其是愛侶已到了接近談婚論嫁的階段，不妨大膽些，在言語間多放點「蜜」。沐浴在愛河中的人，是不用客套的字眼的。任何海誓山盟，「愛你愛到入骨」的話也可以說，不必怕肉麻，除非你並不愛對方。

不知是誰說過這麼一句精闢的話：最聰明的男人是把功夫用在嘴上。

通常，男子都愛花言巧語，何不把美麗的話語多用在愛人身上呢？

「你這一身打扮，真是漂亮極了，讓我好好看一看。」

「你總是那麼迷人，來，跟我坐會兒。」

「別太累，待會我幫你做，咱們到河堤邊散散步，好嗎？」

「你這兩天太辛苦了，我帶你出去吃一頓。」

「我們單位的同事都誇你賢慧能幹。」

「擁有你是我最大的福氣。」

「別生氣，生氣會變醜的，不信，去照照鏡子。」

「等我有錢了，一定好好帶你去外面走走，咱們兩人重新過一次蜜月。」

「你臉色不大好，是身體不舒服嗎？」

「你早些休息，今天的事我來做。」

「還記得我原先寫給你的情書嗎？」

「我給你買了個你最喜歡的CD。」

「你不要對我這麼凶，好嗎？我心裡很傷心。」

「這個家沒有你，簡直就難以想像。」

「我的老婆，做的菜真好吃。」

「你真偉大，我怎麼想不到。」

「結婚紀念日，我們去照張合照吧？」

「爬高爬低的事我來做，你別上上下下的，小心些。」

總之，如果你是一名男性，就把你的愛透過語言表現出來，讓她時刻體會到你深愛著她，並時時創造一種美妙的生活環境取悅於她，那樣你們的感情會一天比一天深厚，她對你的愛也會一天比一天深，這對於你並不麻煩，同時她的愉快會傳染給你，成爲兩個人的愉快；她的美麗心情成了你的財富，豐富你的情感生活。

不要以爲甜言蜜語只能是從男人的口中說出來，女人也應該不失時機地對男人說一些讓他高興的話，因爲無論男人、女人，都需要心靈的滋養，只不過女人說甜言蜜語的方式與男人要有所區別。

妻子常對丈夫說：「晚上，你不在家裡我很害怕。」這的確是一句很管用的話。它滿足了男人作爲家庭保護神的自尊，表達了女人對男人的依戀之情，它也委婉地暗示了妻子深愛著丈夫、生怕被別的女人搶走的心理。如何贏得男人的熱愛，怎樣才能讓男人高興，也是一門藝術，需要以良好的口才去獲得成功的藝術。

你平常所使用的言語，可以說是把你的心思及想法改變了一個形狀，然後把它們表現出來的。這麼一想之後，你對於自己每天所使用的言語，必須考慮再三，而後才能夠把它派上用場。

請你計算一下，下面舉出的言語之中，你到底對你所愛的人使用了多少？

「我畢生只愛你這個男人。」

「我依偎在你身旁，就會感覺到無上的幸福了。」

「對於我來說，你就是一切，什麼東西也換不了你。」

「你是一個非常了不起而出眾的人。」

「我深知你的內心，我無時無刻不在關心你。」

「只要和你生活在一起，我就感到心滿意足了。」

只要是你想對他表現由衷的親切感、喜愛之情，都可以添一些「甜味劑」，把它表達出來。

與他久別重逢時你可以講：

「好像在做夢，多麼希望永遠不要清醒。」你以充滿愛意的眼神望著他：

「總是惦念著你！別的事我一概不想……我的感覺，好像一直跟你在一起。」

這是「無法忘懷、時時憶起」的心境，只要談過戀愛的男女，一定有此體驗。除了他以外，任何事都不放在眼中，總是想念著他。上面那句話不用怕羞，可以反覆使用。相愛之初，熱烈的甜言蜜語絕對不會使人感到厭煩，也許還認爲不夠呢！

「你喜歡我嗎？」你不妨大膽地問他。

「說說看，喜歡到什麼程度？」或用這樣的語氣追問。「請你發誓，永遠愛我！」甚至你單刀直入地這樣對他撒嬌說。

「世界是爲我們而存在，對不對？」

「你愛我，我可以拋棄一切！」

「你不會違背我吧？如果你拋棄我，我會尋死！」

還有許多甜蜜的愛語。有很多女性使用如此甜蜜的詞句接二連三地向男性表示「永遠不變的純真愛情」，女性便會沉浸在自我陶醉之中，而男性的反應也會是積極的。

男性在社會活動中，喜歡被人發現自己的存在價值。恰當地運用甜言蜜語，可以使兩人之間的愛情溫度逐漸升高。

如果你希望愛情之樹常青，無論你是男性還是女性，都不要吝惜你的甜言蜜語，它們會使你的愛情之路更為平坦、順暢。

05 乖巧話讓對方開懷

愛情是美好的，但愛情的小舟向前行駛的過程卻不是一帆風順的。其間，由於雙方性格的不同，一方言行的失當或對對方交談理解上的偏差等因素，彼此間總難免會出現一些感情上的摩擦。那麼，正暢遊在愛河之中的男性，當你心上人的芳容因這樣或那樣的原因而出現「晴轉多雲」時，你該奉送上什麼樣的乖巧話來使「多雲轉晴」呢？

一天晚上，杜萍萍到男友呂志豪的單身宿舍去玩，兩人一邊看電視，一邊說笑。突然，志豪抓住萍萍的手激動的說：「萍萍，妳真迷人，現在就讓我吻一下吧！」萍萍以前沒見過這狀況，一下子羞紅了臉，用力推開志豪的手說：「咱倆交往時間還不太長，請你別這樣好嗎？」志豪激動地望著萍萍說，「萍萍，我只想吻妳一下，不會有過分舉動。」說著又要拉萍萍的手。萍萍生氣了，臉陰沉得像要下雨，不客氣地說：「你再這樣，我現在就走，以後再也不見你了！」志豪見萍萍真的生氣了，便把手縮回來，忙不迭地道歉：「萍萍，對不起，剛才我太衝動了，以後我會尊重妳的意願，不再讓妳為難。」萍萍見志豪態度很誠懇，手腳也放規矩了，說：「好吧，這次我就原諒你。」隨之兩人又如先前那般說笑起來。

在戀愛期間，彼此總會向對方提出一些合適或不合適的要求。志豪面對戀人的「最後通牒」，沒有繼續纏磨，而是迅速收起隨心所欲的韁繩，及時勒住強人所難的烈馬，說一些順從對方意願的話，從而讓笑容重新出現在女友臉上。

姜海與戀人穆敏一邊散步一邊聊天。姜海說：「敏，自從咱們交往以來，你沒讓我花多少錢，卻為我花費不少。」穆敏一聽這話，立時把臉轉到一邊，嘴也撅得老高，帶著哭腔地說：「我真行，找了個倒貼的對象。」姜海一見這情形，立即意識到穆敏誤解了自己的意思，便上前解釋說：「敏，別生氣，我真的沒有別的意思。我總覺得你不像別的女孩那樣把我當『搖錢樹』，讓男朋友花好多錢。」還沒等姜海說完，穆敏便破涕為笑了，她說：「噢，原來你是這個意思！你剛才那樣說，我還以為你在輕視我呢！」

戀愛時女孩子的心是很敏感的，常爲男友一句不經意的話而浮想聯翩，自己給自己弄出些不快來。面對戀人因敏感而產生的誤解，姜海及時抓住「病因」，追本究源，給對方一個有理有據的「說法」，從而使對方消除了誤會讓感情在可能產生的危機面前峰迴路轉。

男女兩人在相處的過程中，經常會出現一些感情危機。如果學會說乖巧話讓愛人芳容開顏，感情也就能得到更好的發展了。

06 電話戀愛怎樣談

有人說：「在談戀愛時，距離遠產生美感。」但也不是說什麼都不管不問的。這時，用電話來談戀愛是最好的方式了。電話戀愛，的確有許多獨到之處：雙方可以敞開心懷去談，含情脈脈的侃侃而談，或低聲細語或哈哈大笑，此時絕不必擔心各自的相貌不雅或衣冠不整，對於一些容易害羞而不會表達的人更是一種好辦法，尤其是在電話中與異性溝通，談到不對勁時，可隨時掛斷，想好話題後，可立即重新開始，也不至於太尷尬，特別是相貌不佳的女子，在電話中可用動聽的聲音來「以長補短」，減去幾分自卑和緊張。

戀愛開始後，很多女孩子就自然而然的產生被動心理，你對她的關心體貼程度如何，成了她注意的焦點。戀愛中的女孩感到最幸福的莫過於成爲你注意的中心。假如你每天打一次電話給她，那麼她就會覺得你每時每刻都在關心著她，同時，從她的眼裡到心裡也很難進駐第二位異性。

利用電話談戀愛有很多種方法：

第一，氣氛電話

女孩子在傍晚或晚上時分，比較放鬆自己，也是最容易動情的時刻。這時的談情往往比白天好，一面播放她喜歡的音樂，一面談有趣的事，可以使感情增進。

第二，旅行電話

當你外出旅行時，一定要打電話給她，表示「真希望能和你一起去旅行」或「我會帶禮物給你的，你想要什麼？」「我很想你」等。

第三，慰問電話

如果對方生病時，要在第一時間打電話給她，並以開朗的語氣安慰她，但不要讓她太累，談話時間不要太長。

第四，傾訴電話

在想念她的時候不妨直接告訴她，碰到自己高興的事與她分享，遇到煩惱的事可與對方分擔，對方會認爲她是你第一個想到的人。

電話戀愛最好準備些使人聽起來溫馨浪漫的語句，比方說：

「生日快樂，希望你一天美似一天。」

「你的聲音真動聽……」

「我只是想聽到你的聲音，只有聽到你的聲音，我的心才能平靜下來。」

男人在女人意想不到的情況下撥個電話溫柔地說：「沒什麼特別的事，只想聽聽你的聲音。」

男人被女人拒絕後仍帶著深情地說：「即使你不愛我，我也會一生保護你。」

男孩向初戀情人天真爛漫地說：「你是我最初也是最後愛的人。」

癡情男子向女朋友說著偉大誓言：「不管將來發生什麼事，你變成什麼樣子，依舊是我最愛的人。」

男人和女人聊了很長時間說：「和你一起總會令我忘記時間的存在。」

男人在工作期間不忘給女友留下動人話語：「此刻我很掛念你，請為我小心照顧自己。」

情路即使受著外在因素影響跌跌撞撞，男人卻一直堅定執拗向地所愛的人說：「只要能和你一起，我不惜付出任何的代價。」

男人一臉真心，願為她赴湯蹈火：「任何時候，任何情況，只要你需要我，我立即趕來，盡我的全力為你做事。」

一天甜蜜約會結束，淩晨時分，男的還捧著電話筒向遠方的她充滿渴望地說：

「現在能夠見面多好啊！」

當你思念戀人而不得相見的時候，不妨拿起你的話筒。

男歡女愛，戀人聚在一起談天說地，那種感覺的確很好，但有時不能相聚，適時拿起電話，隨著話筒輕震，你的愛意也會輕敲戀人的耳膜，使他如同在你的身邊般，備嘗甜蜜。

07

戀人間如何消除誤解

男女初次接觸時，都是花前月下，卿卿我我，互相都只看到對方的優點。然而愛也有陰晴圓缺，天長日久，戀愛雙方相互開始對對方有所抱怨，甚至雙方出現爭吵、冷戰。這種時候，你就應該學習如何化解這些情況，儘快消除不快。

語彤與庭舟是大學同班同學。在一次大學生辯論會上，庭舟敏銳的思維、犀利的語言、雄辯的話語俘獲了語彤的芳心。大學畢業後，他們又在同一家公司工作。正當語彤懷著迫不及待的心情準備與庭舟共築愛巢時，語彤的同學卻告訴她：最近，她經常看到庭舟與一個穿著很時髦漂亮的女孩子在一起。為此，語彤指責庭舟對愛情不忠貞，見異思遷，庭舟解釋說：那是他表妹，她來找我幫她找一份工作。可語彤根本不信，還說庭舟在欺騙她，並鬧著要與他分手。深愛著語彤的庭舟當然不願失去心上人。於是，庭舟找到語彤說：「人們都說你是才貌雙全的美女，你怎麼不想一想呀，除你之外，我真想不出有第二個願意與我戀愛的。你瞧：我老氣橫秋，長相有損市容，寫盡了人生的滄桑和苦難；再瞧我這條件，一下子就容易讓人們聯想到是剛經過洪水洗禮的受災戶，我現在最嚮往的是如何儘快脫貧致富，以報小姐的知遇之恩，哪敢花心喲！」

一席話說得語彤轉怒為喜，忍俊不禁。庭舟的這番愛情表白，可謂妙語連珠，詼趣橫生。究其原因，其用詞的「錯誤」起著極大作用。兩個人發生爭執時，男士最好採用這種貶損自己的方法來達到取悅女士的目的，這樣她的怨氣會立刻消散。

當你犯錯了，請記得用負面形容詞描述你所犯的錯。以下是幾個以負面形容詞描述的例子，讓我們看看女人會有什麼樣的感覺。

當你說：「很抱歉我遲到了，我真是太不體貼了。」

她會覺得：「沒錯，你真的很不體貼。既然你知道我的感覺，我心裡就好過多了。只要不是每次都遲到就好了。你不需要凡事完美，只要你有想到我在等你就好，沒什麼，我原諒你。」

當你說：「很抱歉你在宴會中受到冷落，都是我太不體貼了，這是很糟糕的事。」

她會覺得：「對啊，你真是太不體貼了，但是你能夠瞭解就表示你不是真的那麼糟糕。我想你並不是故意要在宴會中冷落我的，我願意原諒你。」

當你說：「我很抱歉說了不該說的話，我太容易生氣了。」

她會覺得：「你太生氣了，所以根本聽不進我說的話。我想我也有錯，至少他是在乎我，所以試著聽我說話，我應該原諒他。」

在以上幾個例子當中，男人用幾個負面形容詞：不體貼、容易生氣的、糟糕的。女人對於男人用這些形容詞來道歉，永遠不嫌煩。就像男人聽到：謝謝你，很有道理，好主意，感謝你的耐心這些句子，也永遠不嫌煩一樣。

而且，該道歉時就要及時道歉，開啓尊口，智解危機。適當的時候要學會採用「咬耳朵」的方式來解圍。

古人很早就發現聲音和人的感情的關係。《樂論》中說：「凡音之起，由人心生也……其愛心感者，聲音和以柔。」戀愛雙方都有一種羞澀心理，這種心理集中體現在愛的隱蔽性上，反映在言語上必然是帶著親切柔和音色的輕言細語。唯有輕言細語，才能表達依戀、傾心的微妙感情；唯有輕言細語，才能體現溫柔、撫愛；唯有輕言細語，才能把雙方帶進一個共同擁有的溫馨世界。

有一對戀人約會，男方遲到了，女方撅著嘴老大不高興。小夥子見此情景笑了笑，然後不急不忙地走到女方身旁，對她說：「我今天有一個重大發現。」姑娘不做聲，投來疑惑的眼光。小夥子趕忙上前一步附在姑娘身旁小聲說：「我告訴你一件事，請你保守祕密。我今天發現——你是多麼愛我。」一句輕聲細語的悄悄話，姑娘臉上「多雲轉晴」，漾起了幸福的微笑。

戀愛雙方擁有一個不對外人「開放」的神秘世界。在這個世界裡，悄悄話有其特殊的表達效果。悄悄話所傳遞的愛意比大聲說話更爲強烈。而這，只有熱戀中的情人才能深深感受到。當雙方陶醉在愛河中時，當產生了一點小誤會或是有點小意見時，你若在他（她）耳旁說上幾句悄悄話，對方一定會感到無限幸福，誤會和意見也會頓時煙消雲散。有人說悄悄話是溝通雙方的「祕密通道」，這是一點都不假的。

在約會中，表達愛慕的應景話能使雙方關係發生微妙的變化。

有一位女青年下班後到未婚夫家，要他陪她一塊兒去看望一位同事。由於天晚，又下著雨，小夥子不願去，於是姑娘一賭氣撐著傘獨自走了。這時，小夥子才心疼後悔起來，忙驅車追了上去。姑娘見他追上來，扔出一句：「你來幹什麼？」

小夥子詼諧說道：「你可別忘了，我倆曾說過『風雨同舟』之言，今天，你怎麼能一個人『下雨逃走』呢？所以，我追來了。」姑娘聽完後，撲哧笑了：「我可不是『風雨同舟，下雨逃走』的人。」這樣只幾句話就化險為夷了。

打破僵局的方法有很多，其中根本的一點是：任何情況下都不可以有「給對方一點顏色看、懲罰對方一下、非讓他（她）低頭認罪不可」的種種不良心態。「有話說話，有理講理，寧要爭吵也不要冷戰」，這是許多戀人總結出的一條老經驗。而一旦處於冷戰中無人主動來給你們調解，那就靠雙方「繫鈴人」來努力解開沉默無言這個「鈴」了。

08

戀人間「鬥嘴」的技巧

有過玩碰碰車經驗的人都知道，這其中的樂趣全在於東碰西撞、你攻我守，這種遊戲的新鮮與刺激絕非四平八穩的行車能比的。在許多青年戀人中，尤其是有較高文化素養的情侶們中間，有一種十分獨特、有趣的語言遊戲，很像這種碰碰車遊戲，那就是「鬥嘴」。鬥嘴，不是吵嘴，不是口角。天真無邪的鬥嘴是「愛的養料」。

戀人之間鬥嘴具有哪些特點呢？

一、目的模糊。戀人間鬥嘴一般並不是要解決什麼實質性的問題，做出什麼重要的決定，而僅僅是借助語言外殼的碰撞來激發心靈的碰撞，從而達到兩顆心的相知與相通。因而戀人們常為一句無關緊要的話，一件微不足道的事「鬥」得不可開交，局外人很難領會到其中的奧妙與樂趣。

二、形式的尖銳潑辣。戀人間的鬥嘴從形式上看和吵嘴很相似。你有來言我有去語，你奚落我，我挖苦你，毫不相讓，「錙銖必較」。但與吵嘴不同的是：「鬥嘴」時雙方都是以輕鬆、歡快的態度說出那些尖刻的言辭，有了這層感情的保護膜，「鬥嘴」就成了一種只有刺激性、愉悅性卻無危險性的「軟摩擦」，成了表現親密與嬌嗔的最好方式。

正因爲鬥嘴具有形式上尖銳而實質上柔和的特點，它就比直抒胸臆式的甜言蜜語有了更大的展現情侶間真實感情與豐富個性的空間。所以沐浴愛河的許多青年男女都喜歡進行這種語言遊戲，在這種輕鬆浪漫的遊戲中，加深彼此的瞭解，增進相互的感情，同時也調劑愛情生活，使戀愛季節更加多姿多彩。

鬥嘴，既然是一種遊戲，就有它的規則。千萬不可因爲刻意追求效果，而不顧一切。

一、要顧及對方的心境

鬥嘴雖然是唇槍舌劍的交鋒，但也需要有一個輕鬆的環境，才能享受它的快樂，因此鬥嘴時要特別注意戀人當時的心境。大家都有這樣的體驗，心情愉快時，可以隨便耍嘴皮、開玩笑。可如果你的戀人正在爲工作調動沒有結果而一籌莫展時你卻來一句：

「你怎麼啦？臭著一張臉，像誰欠你八百萬似的。」

她准會埋怨你：

「人家煩都煩死了，你還有心取笑，我看你是沒心沒肺了。」

這樣鬥嘴的味道就變了。

二、要把握好感情的深淺

談話有一個總的原則。「交不可深言」這話同樣適用於戀愛中。如果雙方還處在相互試探、感情朦朧的階段，最好不要選擇「鬥嘴」的方式來增加瞭解。

因爲畢竟你對對方的個性還不是很瞭解，容易產生不必要的誤會，而且很容易將鬥嘴演化成辯論，那就更大可不必了。

要想以鬥嘴來加深瞭解，可以選擇一些不涉及雙方感情或個人色彩的一般話題，如爭一爭是住在大城市好還是隱居山林好，鬥一鬥是「左撇子」聰明還是「右撇子」聰明等等，這樣雙方可以不受拘束，「安全係數」也大。

如果已是情深意篤，彼此對對方的性格特點都比較瞭解，鬥嘴就可以嬉笑怒罵百無禁忌了。

三、不要傷及對方的自尊

戀人間鬥嘴，最愛用戲謔的話語來揶揄對方，往往免不了誇張與醜化。但是這種誇張與醜化，也要顧及到對方的自尊，最好不要涉及對方很在乎的生理缺陷或挖苦對方很敬重的人，更不可攻擊他（她）很敬重的父母或對方的偶像，也不要挖苦對方自以爲神聖的人和事，否則就有可能自討沒趣，弄得不歡而散。

「你說，你最崇拜誰？」

「我最崇拜我爸爸，他是個真正的男子漢。什麼偉人、英雄，他們都離我太遠。」

「這麼說你爸爸就是你心中的上帝？」

「那當然，你不服氣？」

「你這個上帝只不過是個小職員，有什麼了不起？」

「好啊，你看不起我，我，我今天總算把你看透了……」

如此這般鬥嘴就得不償失了。

現在的青年人心目中都有自己的偶像，這偶像的地位可是很高的，你可千萬不要在鬥嘴時攻擊他的偶像，否則你會很慘的。

有這樣一段情侶對話：

女：小貝（注：英格蘭球星貝克漢）太帥了，今天他又進球了，還是關鍵球呢！

男：我就搞不明白，怎麼那麼多人喜歡他，他有什麼好的？你看他還戴著髮夾，妖裡妖氣的。

女：哼，小貝就是好，怎麼著，再說你就給我出去。

由此可見，這偶像可不是隨便可以攻擊的。

09 如何應對女人的魔鬼疑問句

俗話說：「女人的心，海底的針。」這句話極言女人的心思難以捉摸。又有言：「言爲心聲。」女人既然想了，自然會說；既然心思難以捉摸，說出的話就不會太容易回答。男人應該如何回答女人經常提出的棘手問題？比如，她們大多數會問下列魔鬼問題：

你在想什麼？

你愛我嗎？

我看起來身材不好嗎？

你認為她比我漂亮嗎？

如果我死了，你怎麼辦？

這幾個問題很難回答好，一旦男人回答不好，每一個問題都可能引起爭執並導致關係緊張。

當她擔心男友不夠愛自己時她可能會開始問很多問題，有的是關於戀愛雙方之間的關係，有的則是關於男友的感覺。例如他有多愛她，或他覺得她的身材如何等問題。這時候，不需要爲這些問題尋求理智的答案，因爲她只是想確定男友是否還愛她。

例如，如果她說：「你覺得我胖嗎？」

男友不能回答：「是啊，你是沒有模特兒的身材，可是模特兒都是餓出來的。」或：「你不需要這麼苛求自己，我不在乎你的身材。」

而是應該說：「我覺得你很美，而且我喜歡這樣的你。」然後給她一個擁抱。

如果她說：「你覺得我們相配嗎？你還愛我嗎？」

男友不該說：「我覺得我們還有些方面必須再溝通。」或：「你還要問幾次？這個話題我們已經討論過了。」

而是最好這樣說：「是啊，我好愛你。你是我生命中最特別的女人。」或：「我越瞭解你，就越愛你。」

「工作和我，對你來說哪個重要？」當女性提出這個問題時，男性一時會感到很難問答。

一個人的生活有許多方面。對男性來說，工作和妻子屬於不同的生活層次。屬於不同生活層面的東西，實在是很難進行比較的。

女性也並不是一點都不懂這層道理，但她還是要問。其中的底細，與其說是在探測男子的選擇意向，不如說是向男子提出抗議，你對我不夠好。

女性一般會在感情衝動難以自制或有氣無處可洩的時候，提出這種胡攪蠻纏之嫌的問題。這時你想指出問題本身所固有的矛盾，讓她知道此問題沒有正確的答案可言，似乎是件不大可能的事。不如讓她盡情傾訴心中鬱積著的話，發洩一下內心的感情。待她發洩過後頭腦開始冷靜下來時，再對她說：「你當然對我很重要。」這樣就明白無誤地告訴她，並充分承認她的存在價值，之後，再強調：「正因爲你對我很重要，所以我更要發奮地工作，開創我們美滿的未來。」這種模棱兩可的回答，既避開了她的鋒芒所指，同時也是在暗示她：我無法決定到底哪一樣比較重要。這該是一種很聰明的處理方法。

10

俘獲女人芳心的六種武器

心理學家指出：女性的神經比男性脆弱，內心也比男性敏感、細膩。那麼，如何才能俘獲女人的芳心，如果你正處在戀愛中，那麼以下幾點將幫你贏得她的愛戀：

善於製造巧合或機遇

一般女性對所謂的命運或算命的感覺都十分脆弱，所以這一類說法對她們自然十分有效。

男人要結交女友時，也可將偶然與命運同時運用。比如某男子歸還一條拾獲的女性手錶時，便可這樣對她說：

「你的長相與我初戀的女友真是太相似了。」

以後便可以常故意製造一些偶然與她碰面，並且要讓她感覺這些偶然都是命運的安排，必須時常強調說：

「難道我們之間真有這麼多偶然嗎？或許是上天有意安排。」這對男女在不久的將來必定會雙雙步上紅地毯。

激發她心中隱藏的愛情

溫柔的話，在耳邊輕聲細語，能使一個人甦醒過來，「語言是偉大的，語言是有生命的。」當你們相對無言或相處緊張時，不妨說一點情話。

下面的話，不管是男人對女人，還是女人對男人，只要是出自誠心誠意的，都會讓對方感到溫暖。

「愛你。」

「只有你。」

「喜歡你。」

「和你在一起很快樂。」

「沒有你就很寂寞。」

「我等你。」

「我要你。」

「請你說你的事情。」

「你太棒了。」

「我知道你的心情。」
「你是一個好人。」
「需要你。」
「想過你的事情。」
「打電話給你好嗎？」
「只要能和你在一起，一切都是美好的。」

不要怕女人的拒絕

許多男人追求女人不能得手的原因，是他們沒有信念去衝破對方的一道藩籬，往往在對方哼個「不」字的時候，便信以爲真，而裹足不前。

他們忘記了女人與生俱來的天性——「男人是追求者，女人是被追求者」的觀念。所以，她說「不」，其實只是一種形式上的客套，謙遜一下而已。可惜的是不少男人虛度半生，對於此中奧秘的知識卻是知之甚少，一旦聽見女人說個「不」字，便以爲她真是這樣拒絕了你。

天下最大的蠢莫過於問一個女人讓不讓人吻她，你得知道，在這情形之下，女人是不能夠答應你，投進你懷裡讓你吻的，也不願意模棱兩可地，喃喃自語而仍然坐著不動，等待你的進攻。所以，她是爲勢所逼的，不能不說一個「不」字。

讓祕密留在心中

不管對於戀人信任到怎麼可靠的程度，有好些事情，如果沒有說的必要，在開口之前，最好還是考慮一下的好，這當然是爲著彼此安靜的緣故。

在這一原則下，唯一告誡的是千萬不要把你過去的戀情告訴她！這容易在她的心中留下陰影。

你的目的是在說明舊戀人不好，根本就沒有說的必要。如果你在說舊戀人比她好，則她的心理反應是：「爲什麼你又愛我？」同時，在這心理發展之下，你將會碰到許多的麻煩，日後你也不會安寧。

過去的戀情既然不應該告訴你的戀人，那麼，屬於過去戀情的痕跡也不應該出現於戀人的眼前。

有些太癡情的男子，對於已經死去的舊戀人念念不忘，往往保存著舊戀人的照片或別的東西作爲紀念，這種行爲是新戀人所不能接受的。

妒忌是一種不可解釋的心理，尤其是女人，她決不容許自己的戀人除了她之外，同時還擁有別的女子的觀念，因爲愛情是專一的，而你必須屬於她一個人。

「愛語」很重要

「如果你愛我的話，有什麼爲證呢？」這是女人經常掛在嘴邊說的話。女性就是希望在有形的，眼睛和耳朵都能感覺到的形式上確認「自己對他是不可缺少的人」。例如，戀人之間在見面的時候，男方沒有抱抱她的肩或握握她的手，她就要懷疑他是否愛她，甚至因此而解除婚約的女性也大有人在。妻子新做的一個髮型，或穿上了一件新衣服時，做丈夫的假如不發一言，她會認爲你無動於衷，這樣她就會感到不滿。

女性要求承認的欲望很強，戀愛中的更不用說了，就是在結婚後，女人也愛問：「親愛的，你愛我嗎？」她時常要求確認「愛」，而對此感到退卻的大多是丈夫。在男人看來，不管如何愛她，「我愛你」這三個字只要講過，就不想說第二次。男人總是這樣認爲，我是否愛你，可以在實際行動中表現出來。

可是，對女性來講，語言比行動更爲重要。假如男人不在她們耳邊重複著說「我愛你」，她們就認爲不能與對方溝通。處於幸福、甜蜜狀態的女性，都是根據丈夫的「愛語」或反覆的動作得到安心和瞭解的。

因此，滿足這種心理是男性的任務，「我愛你」、「我喜歡你」這些話對女性是非常重要的。她們認爲這樣是女性顯示內在價值和魅力的標誌所在。

女性更需要口頭的尊重

陪著女人散步的時候，最優雅的姿態，就是挽著她的手慢慢地走。不要動不動就把手臂彎過她的腰圍，除非在偏僻的地方。

即使你和她的關係還未達到可以挽著她的臂腕的程度，你也不必把兩手插進褲袋裡去，更不要一邊吹口哨。試想，誰願意和一個無賴漢同走呢？

當她提議要往回走的時候，多半是她興致已盡的時候，最聰明的做法，還是順從她的意思罷！不要死命地瞎纏不休。要知道，即使她無可奈何地繼續陪你走，她也不會是高興的，更糟的還在後頭，下一次她可能不願意輕易地答應你的約會了！

如果你和她的關係仍然是在客氣階段，那麼，對於每個有關她的提議，你都加上一句「方便嗎？」的徵詢語氣，是最優雅而又得體的態度。女人是喜歡人家尊重她的。

如果你問她：「我送你回去好嗎？」而回答的是一句普通客氣話：「謝謝，不必送了。」這是表示你可送她。假如用較為嚴肅的語氣回答：「用不著，我自己回去就好了！」這是表示她有不便之處，這時，你應該知趣，還是回頭是好，以免出現難堪的局面。

客官，您過獎了：
說對話比做對事
更讓人印象深刻

Saying it Right
is More Impressed

父母交談

與父母說話的心得

CHAPTER.03

01

父母吵架時的勸說藝術

世間最美滿的家庭也難免存在矛盾，父母發生摩擦鬧矛盾，甚至公開吵架時怎麼辦？最重要的是你要當好中間人，在任何家庭中，父、母、子女三者的關係總是最親密的，子女是父母感情的紐帶，是父母關心的中心，在父母面前，始終處於被愛護，被關心的地位。

有一位教育家這樣說：我小的時候，隔壁鄰居家夫妻兩個經常吵架，而他們吵架的時候兩個孩子通常只是在一邊傻傻的看著，或是在一邊流淚，夫妻倆總是小事吵成大事，大事就更不得了，一直到有人勸爲止。通常夫妻吵架有時會陷入雙方誰也不服誰的僵局，而且外人來勸沒有內部解決好。這個時候如果孩子能很好的勸架，那麼夫妻的吵架問題就很容易解決，父母會因爲孩子那麼懂事而欣慰，說不定以後會減少吵架。

父母起爭執發生矛盾，孩子最利於做好雙方工作。所以當父母爭吵時，我們應該保持冷靜的頭腦，絕不可以意氣用事。不能把自己置於局外人的地位，對父母的爭吵毫不過問，冷眼旁觀，熟視無睹，自稱「小孩不管大人的事」；但也不能不分青紅皂白跟著大吵大鬧，把父母雙方都責怪一通，兩人吵變成三人吵。

張浚是家裡的獨生子，平時很受父母的溺愛，仗著這種溺愛，他對父母說話時很少注意方式。

有一天，張浚父母因為他們的朋友結婚送紅包的事發生了口角，一個說禮金送多點，一個說送少些，張浚不耐煩了，大聲對父母說：「不就是送個禮金嗎，值得你們吵來吵去的嗎，煩死了。」

父母聽了更加生氣了，只聽見媽媽說：「你知道什麼，一送就是五千元，錢有那麼容易賺嗎？」

爸爸也開口了：「煩就滾出去，老子養了你一輩子了，還嫌我煩。」

就這樣兩個人吵變成三人吵了。或者偏袒一方有意或無意地站在父親或母親一邊，指責對方，使父母與子女的三角關係更加趨於複雜化。勸架應該一碗水端平，等距離外交，好好地勸說。

一般父母吵架後會出現三種情況：

一是雙方僵持，誰也不肯讓步。這時最需要的是子女的安慰，你應立即做好勸說工作，這時不妨這樣對你父親說：「爸，您不是一向都對人寬宏大量嗎？現在怎麼和您老婆這麼計較啊！」相信他聽了這樣的話，肯定會爲你的幽默而開口大笑，一場家庭糾紛也就會化解與無形中。勸母親時可以這樣說：「我爸那邊早已經妥協了，正準備去菜市場買些大閘蟹（當然是母親喜歡吃的，而又不捨得買），給您做一頓好吃的晚餐呢！」相信你媽會因爲大閘蟹太貴而去阻止你爸，這樣，你的「陰謀」不就得逞了嗎？

二是吵架後，雙方都感到後悔，但出於自尊，都羞於主動啟口和好，做子女的應創造各種機會，為雙方搭橋，暗中巧妙周旋讓雙親言歸於好。這時你不妨借助一下第三人，例如：「爸媽，我朋友今天來我們家做客，他們還說要嘗嘗我們家的拿手菜呢，爸你的紅燒茄子和媽的香煎白帶魚都得好好做啊，要不然他們會說是我吹牛了。」，或者削一個蘋果，「媽，這是爸爸給你的，他怕你不理他，讓我給你拿過來」想和好的母親肯定是會樂意接受這個蘋果的。

三是一方想和好，另一方卻怒氣未消。子女要及時將一方急於和好的心情進行傳遞。一般情況下，疼愛孩子的父母往往經不住孩子的感化，幾經勸說，就能和好如初。

無論面對哪種情況，對子女來說，都要十分有耐心，不能操之過急，還要講究方法，聰明機靈。

任何夫妻都有吵架的時候，但夫妻吵架的時候孩子的態度通常是很重要的，因爲沒有父母不疼自己的孩子。

02

説服父母有哪些妙招

許多子女都說與父母有代溝。的確，父母因爲年齡的原因，與社會有些脫節。而因爲缺乏交流的藝術，雙方經常產生摩擦。家庭中父母與子女間的摩擦，許多是兩代人之間的思想分歧，解決起來不大容易。而偏偏長輩大多固執，後輩又執拗，他們覺得自己正確的時候，往往靠爭辯解決問題，這就更加激化了矛盾。

在這種情況下，如何說服父母，就需要一定的技巧。說服父母是一種特殊的交流和溝透過程。

一、利用類比講明道理

在說服過程中，可以巧妙地把父母的經歷和自己目前的狀況類比，以求得他們的理解，使他們沒有反對的理由。

有一位大學畢業生想到北部闖一闖，家長不同意，他這樣找理由說服父親：

「爸，我常聽你說，你十六歲就離家到外地求學，自己找工作，獨自奮鬥到今天！我現在比你當時還大兩歲呢，我是受你的影響才這樣決定的，我想你會理解和支持我的。」

這樣一來，兒子成功地說服了父親，父親無法再堅持自己的意見了。

一般情況下，做父母的都有自己認爲輝煌的過去，他們免不了以這些資本教育子女。對於已成年的子女，如果要幹一番事業但受到父母的阻撓時，就可以拿他們的經歷作爲論據，進行類比，這樣有很強的說服力。

二、獻殷勤，多徵詢意見

獻殷勤，不是虛情假意，而是要實實在在地孝敬父母。雖然父母有許多缺點，可做兒女的應該真心實意的愛他們，關心他們的冷暖和健康，爲他們分憂解愁。有了這個心理，你就會有許多「獻殷勤」的辦法，也會有誠懇、禮貌、親切的態度，自然而然就會說得順耳，講得動聽了。

需要提醒的是，當父母問你什麼事情時，這是送上門的「獻殷勤」的好機會，你一定要耐心、認真地正面回答或解釋，這樣一定會換得父母更多的憐愛。長輩總想更多地瞭解晚輩的生活，你只要耐心地陪著他們就足夠了。

人與人之間應該互相尊重，子女對父母更應該如此。而這種尊重，很重要的一個方面就是經常向父母請教和商量問題。除了那些自己能夠預料到的肯定與父母的觀點存在明顯分歧，而又必須堅持己見的問題之外，其他的事情，則應該經常及時地與父母商量，聽聽他們的意見，這無疑是有好處的。即使清楚地知道自己與父母的觀點絕對一致，也不妨再問一次，以求得意見一致時所帶來的愉快心情。

三、以父母的期望作為自己的旗幟

父母對子女的未來都寄予厚望，望子成龍是他們夢寐以求的，而且在日常生活中，常常教導子女要勇於接受挑戰，將來要做一個有作爲、有成就的人。

在說服他們時，只要你提出的意見與他們的目標一致，就可以抓住這面旗幟，作爲有力的武器，爲己所用。

有一位剛畢業的年輕人在一家公司找到一份工作，而父親不同意兒子的選擇，正在托人給他聯繫某公家機關。這個年輕人說：「這個公司我瞭解過了，很有前途，生產的是高科技產品，和我學的專業是一致的。再說，公家機關好是好，可是人才濟濟，我到那裡要想做出一番事業，恐怕機會不多。可是，在這個公司就不同了，我去那裡，總經理要我馬上接任技術工作，這是多好的機會。我從小就依靠你們，沒有主見，我現在長大了，覺得你說得對，這個決定就是我自己獨立思考定下的。我想你一定會支持我的。」

聽到這裡，父親還能說什麼呢？

一般說來，父母很注意自身的尊嚴，對過去說過的話不會輕易失信，而且會及時兌現。所以，在說服他們時，就可以適當利用這種心理，用他們的話作爲自己的旗幟，很容易就會成功。

四、發揮堅決態度的震撼力

子女在說服父母時要表明自己的堅決態度，讓他們明白自己的選擇是慎重的，是下了決心的，不管遇到什麼情況都不會動搖，即使決定錯了，也準備獨自承擔責任，決不後悔。

這種堅決的態度具有柔中寓剛的作用，對於父母有強烈的震撼力。父母從中可以看到子女的主見和責任感，就不會堅持己見把關係弄僵，反而還會順水推舟，同意子女的意見。

一位女孩的父母不同意女兒和那個男孩談戀愛，她對父母說：「在這件事情上我心意已定，希望你們能理解女兒的心思。以後吃苦受累我也心甘情願。如果你們堅持不同意，那也沒有辦法，就當沒有生我這個不孝的女兒吧。不過，我是多麼希望你們能理解和支持我呀！那樣，我會感謝你們的。」

話說到了這裡，父母還能說什麼呢？他們並不想失去女兒，既然女兒已經鐵了心，爲什麼還要苦苦相逼呢？這個事例中，女兒的決心起了重要作用。

最後，需要指出的是，如果自己的意見不正確，甚至完全錯誤，那就不是說服父母的問題，而是應該愉快地放棄自己的意見，採納他們的意見。當然，這同樣也需要勇敢和理智。

03

恰當化解與父母的爭執

在孩子的眼裡，父母似乎永遠是「自由」的反義詞，在父母的眼裡，孩子似乎總是「天真」的代名詞。當你對某一事物的看法與父母不一致，而父母又不肯改變自己的意見時，你應該運用怎樣的說話技巧說服父母呢？

與父母意見不同時，很多人會與父母頂嘴、唇槍舌劍的論理，也有一些人會躲在一邊生悶氣，再不就是拂袖而去，一走了之……這樣做可以在一定程度上發洩你憤怒的情緒，但卻會傷害你與父母之間的感情，而且也無助於培養你和父母相互尊重的習慣。因此，最好能學會掌握說話的藝術，以建設性的方式處理你與父母的相異。不妨看看這個例子：

小王到台北出差時，遇到張敏，兩人一見如故，短短一個月便成為親密無間的好友。公事處理完後小王不得不離開台北，臨走前小王把地址、電話都留給了張敏。

沒過多久，張敏也出差，目的地正好是小王住的地方，於是他給小王打了電話。二人在小王家見面了，像故友一樣兩人談得不亦樂乎。等張敏走後，小王的父母說話了：「你怎麼交了這麼個朋友，這個人看起來很不老實。」小王一聽不高興了：「我交什麼朋友，你們都不滿意。」「我們這是為你好，怎麼這麼不懂事。」「你們覺得好就一定好嗎？你們覺著不好，就不能來往嗎？」

父母聽了火冒三丈，開始罵了起來。小王一看這樣說下去肯定不行，馬上緩和了口氣「我知道你們是為我好，張敏做事幹練，人也很熱心，而且從小沒了父母，也怪可憐的。再說了我都這麼大了，也能分清是非了。」父母聽了小王的話也緩和了下來，最後小王終於說服了父母。

子女與父母發生爭執是很正常的，因爲一個人看問題的角度往往與他（她）過去的經歷和現在的狀況有關。因此，每個人的看法都會有一定的道理。與你相比，父母的人生閱歷豐富，考慮問題會比較周到，但也容易形成固定的看法，產生偏見。你呢？由於思想上沒有那麼多框框，容易接受新東西，但考慮問題難免片面、膚淺。如果你既能看到對方意見中不合理的成分，還能看到其中有道理的一面，不僅能「化干戈爲玉帛」，還會得到有益的借鑒。

當你與父母的意見不一致的時候，不妨靜下心來想想，父母爲什麼會有這樣的看法？其中是否有一定的道理？最好先肯定父母觀點中有道理的一面，再說明自己的看法。即使你完全不同意父母的意見，也不要用挖苦的語調大聲地與父母說話，那樣父母會感到受到傷害。如果你感到當時不能控制自己的情緒，最好先找個藉口離開現場，等大家都心平氣和的時候再討論這個問題。

如果你與父母中的一位關係更親近，不妨先和他（她）討論這個問題，說服了一位再請他（她）幫你說服另一位。當然，你也可以請好友到家來一起參與你與父母的討論。如果父母知道與你同齡的孩子也有與你類似的想法，可能會更容易理解和考慮你的意見。

解決爭端的過程是一個相互協商的過程，彼此尊重對方的權利非常重要。和你一樣，父母有權堅持自己的意見，有權表達不愉快的情緒。作爲孩子，你應該尊重他們的權利，這樣，他們才更容易尊重你的權利。

多一些瞭解，少一些冷漠；多一些關愛，少一些摩擦；多一些鼓勵，少一些責備。如果我們能爲父母多想想，站在他人的角度看自己，也許和父母的對撞就不會那麼激烈。

孩子需要父母的支援，父母更需要孩子的理解。只要多和父母交流，坦誠相待，也許在與父母的對撞過程中會閃出愛的火花。

04

正確對待父母的打罵

很多父母受「棒下出孝子」觀念的影響，常有打罵體罰子女的事情發生，作爲子女，遇到這樣父母時應怎麼辦呢？

首先要理解解父母的心情。父母體罰孩子多半是出於你的不爭氣、不努力，辜負了父母的希望，由怨恨導致打罵，宣洩不滿，是想喚起你的覺悟。我們應該理解父母的舉動，找找自己的原因，不要與父母計較態度，向父母主動承認錯誤。只有嚴格要求自己，以後不犯類似的錯誤，才能避免父母的再次打罵。一個真正懂事、孝敬父母的孩子是不會計較父母行爲的，應該更多看到自己的過錯和給父母帶來的傷害，體諒父母不正確做法中的合情合理成分，看到隱藏在打罵背後的父母的一片苦心。如果挨打主要是由於父母性情粗暴、教育方法不當，就要做必要的解釋工作「我知道您這是爲我好，但我都這麼大了知道對錯，能分辯是非了，希望您以後別再操心了」、「您對我的期望我理解，但這種暴力教育方式我很難接受」，等等，但說這番話時最好在他們情緒暴怒之前，或事情過後父母心情平穩下來，否則只能是火上澆油。

其次不要自作聰明。無論在何種情況下挨了打，都不能賭氣，產生對立情緒，說出諸如此類的話「你們不配做父母」、「你憑什麼打我」、「我以後再也不進這個家，不想看見你們」。這樣的話不但會使父母更傷心，矛盾更激化，更重要的是會因爲我們不聽從父母的忠告，犯更大的錯誤。有些人，特別是青少年對父母的打罵心裡不滿，表面裝得無所謂，爲免受皮肉之苦以消極的態度應付父母，能瞞就瞞，能騙就騙，報喜不報憂，這樣做的後果是很難想像的。

我們都知道父母打罵孩子，都是爲了孩子好，道理雖說如此，但我們受到父母的打罵時，都會覺得不舒服。那麼如何才能避免受到父母的打罵呢？

一、學會面對父母的誤解

首先我們要耐心聽完父母的責備、訓斥，以便弄清他們是在什麼事情、什麼問題上對你產生了誤解。如果確實因父母把問題搞錯了，那麼就可適當做些解釋工作，「其實事情不是您想的那樣，我之所以遲到，是因爲朋友生病了，我送她去醫院了」，只要事情本身比較簡單，父母情緒又比較平穩，誤會馬上就會消除。許多事情不是三言兩語就可以解釋清楚的，一般事發當下父母的情緒都比較激動，你越解釋，他們可能就越發火，與其如此，不如靜下心來不說話，這樣做雖有默認過錯的危險，但保持暫時沉默對緩和緊張氣氛，減少對父母的感情刺激是有好處的。沉默不語不容易，爭辯解釋又會激化矛盾，在遭遇責怪時可藉故設法暫時離開現場。你聽不到那些刺激性的語言，心情就會慢慢平靜，父母找不到數落的對象，怒氣也會慢慢消失。

無論採取什麼辦法，最終目的都是要弄清事情原委，幫助父母消除誤會，待大家都心平氣和時再進行詳細的解釋，要避免使用刺激性語言，更不要責怪埋怨父母的一時的不當。一切真相大白時，父母一定會因錯怪你而後悔，千萬不要忘記給父母以體貼的寬慰。切忌對父母生氣失去信任，更不能因此而採取過激的行動。要多想想平時父母對自己無微不至的關懷，多想想他們往日的親情。

二、不和父母「頂撞」

現實生活中，父母不可能事事處處都依從孩子，加上你的所作所爲並不一定都有道理，一旦主觀願望得不到滿足，就感到失去了面子，於是就與父母鬧起彆扭。與父母「頂撞」只能給父母帶來痛苦，也會給自己增加煩惱，甚至給家庭帶來不和。有的人並不是存心與父母過不去，有時連自己都說不清爲什麼會把事情搞僵。其實原因很簡單：一是自尊心太強，只注意自己在別人心目中的形象，平時喜歡聽好話，聽不進逆耳話，在家裡總希望父母順著自己，不願自己的意見遭到否定。二是脾氣任性自信，自以為是，過於好強。三是感情用事。

無論怎麼說和父母頂撞都是不對的，作為晚輩在衝撞了父母之後，從尊重父母出發，應立即向父母賠禮道歉，懇求他們的原諒。只要你真心誠意向父母說幾句表示歉意的話，他們會很快轉憂為喜諒解你的。千萬不要覺得認錯有失面子，如果覺得用語言講和有困難，也不妨寫封信給他們，這才是理智的正確辦法。切忌感情用事，不理父母或找機會發洩不滿，甚至圖一時痛快，亂使性子，離家出走。要避免與父母「頂撞」應該不斷自我反省，學會控制自己情緒，掌握正確分析問題、解決問題的方法。

三、正確面對父母的拒絕

我們的要求遭到父母的拒絕，常常會感到失望，但往往是事出有因的。一是不考慮家庭情況要求過高。一般來說家庭只要條件許可，父母總會想方設法滿足子女吃、穿、用等方面的要求。但有些人為了自己滿足，不切實際地提出過高的物質要求，給家庭生活帶來困難和負擔，肯定會遭到家長的拒絕。二是與家長的想法不合。考慮問題要全面，要合情合理，不要老是站在自己的角度，要設身處地的想一想。三是你的要求提得不合時宜，即提出要求的時間、地點、場合不對。

那麼如何處理呢?首先我們要有家庭意識，各種要求只有透過父母的幫助、指導下去實現，要做合情合理，注意提出的時機，合理的要求因爲不合時宜也會遭到拒絕，所以要注意父母的情緒，要注意選擇恰當的日子，還要看地點場合，一般來說在客人面前不宜向父母提要求。考慮家庭經濟經濟承受能力，把要求的理由，恰當地說清講透。爲明白順從父母意圖，可進行適當的試探，注意創造融洽和諧的氣氛和說話的口氣，然後再慢慢提出。

另外，遭到拒絕不一定是壞事，父母對你的要求一概滿足是不現實的，如果父母對子女百依百順，也不利於你的成長。

05

會說話能快速平息婆媳翁婿紛爭

在中國人的傳統觀念中，婆媳關係是最難相處的，似乎他們就是天生的冤家。但是，有一些會說話的人，就可以把這種矛盾處理了。

有些兒媳，跟自己的母親能夠滔滔不絕地說個不停，在婆婆面前卻無話可說，兩人之間總感到特別彆扭。要緩和這種氣氛，你要學會主動問候關懷，在婆婆耳邊多吹點「甜」風。

劉飛和妻子平常在家住，一般逢週末去劉飛的爸媽家。劉飛在家裡是獨生子，母親特別寵愛，常常掛念兒子，又有一些老觀念，認為家務事是女人的事，女人照顧男人天經地義。

有個週末小倆口又回劉飛家，婆婆當著兒媳婦的面說，一周不見，劉飛又瘦了，問是不是家務事做多了，吃得不好，等等。兒子不知道怎麼回答。婆婆的意思很明顯，是責怪媳婦沒盡到女人的責任把男人照顧好。面對婆婆的無理責難，兒媳婦並沒有反駁，而是接過話題說：「媽，這段時間公司加班，沒有好好照顧他，都怪我。從明天起，我多燉點補品給他吃，也許要不了多久他就會胖起來。」第二個周日，小倆口一回到家，兒媳婦就拉著婆婆的手對婆婆說：「媽，這一周我煮了五頓肉、一頓魚，還天天燉雞湯，雞蛋、牛奶每天早晨不斷。可他好像還是沒有長胖，媽媽，您可有什麼好法子？」婆婆被兒媳的話感動了，趕忙說：「他就是這個樣，吃什麼都沒用，這大概是祖傳的原因，人人都瘦得像隻猴子，你看他爸不也這樣。」說得全家捧腹大笑。

兒媳婦在婆婆責備自己時，並沒有據理力爭，而是好言安慰，有效地阻止了婆婆繼續對自己不公正的責備，避免了婆媳矛盾的激化。避免婆媳紛爭還有以下的方法：

首先，多叫幾聲「媽」。

兒媳的一聲「媽」，可以給婆婆帶來無限溫暖。可有些兒媳的甜言蜜語特別寶貴，絕不輕易叫出口。也有一些兒媳，乾脆學孩子的口氣，稱婆婆爲「孩子的奶奶」。跟婆婆分居的兒媳婦，大多數是進婆家門叫一聲「媽」，出門辭別時說一聲「媽，我走了」，僅此兩聲，似彬彬有禮，但不夠熱絡。如能把話家常和稱呼交織在一起，氣氛就會好得多。你不妨這樣說：

「這幾天很冷，媽，您只穿這些太少了，可不要著涼啊！」

「這麼細的針都能穿，媽眼力真好！」

其次，要多交流。

那些社會交際較少、養尊處優的老年人，每天把自己禁錮在一個小的範圍內，都希望知道家門外的一些新鮮事。聰明的兒媳很會靈活地與婆婆交流，她們時常與婆婆談論些街頭瑣事、社會新聞、電影情節、讀報偶感，等等，使婆婆們每天沉浸在喜悅的氣氛當中。同樣的道理女婿對岳父母也要甜言蜜語，否則後果同樣不妙。

有一天，王剛和妻子因為一點小事鬧彆扭，王剛說不過妻子，就說：「得了，我說不過你，你和你媽一樣，都是常有理。」誰知這句話讓在廚房做飯的岳母聽見了，老太太一聽火冒三丈，指著王剛大聲斥問：「你們兩口子為什麼吵嘴我不管，可說我們母女倆都是『常有理』，我得跟你爭論爭論，我怎麼『常有理』了?你今天非得給我講清楚不可。」王剛一聽，覺得事情不妙，於是滿臉堆笑的說：「媽，您可別誤會，『常有理』這可不是壞話，我這是讚揚您女兒呢！因為每次爭吵都是我沒理，您的女兒我的妻子，無論做什麼事都特別有道理，而這又都是跟您老人家學來的，沒辦法，我只好佩服的說她跟您一樣的『常有理』嘍。」說著又神秘的對老人說：「老實告訴您吧，這句話還是跟我爸學的呢。因為我跟我爸一樣，在媳婦面前總是『常沒理』。」王剛的話把老太太的怒氣沖散了，她指著女婿說：「你小子這張嘴呀，能把死人說活嘍。」

王剛會說話，把丈母娘哄得沒生氣，一場風波化爲烏有。

在家庭即將發生紛爭時，家庭成員如果很會說話，那麼戰爭馬上就會被平息，重新恢復溫馨與平和。尤其是比較敏感的婆媳、女婿和丈母娘關係更要學會保持良好的氛圍，一旦出了問題，馬上拿出最好的態度儘快把老人家們哄開心，這樣家庭才會和諧。

客官，您過獎了：說對話比做對事更讓人印象深刻

Saying it Right is More Impressed

夫妻交流

夫妻間如何進行有效溝通

CHAPTER.04

01

不要刀子嘴，留下豆腐心

週末晚上，妻子做好飯菜左等右等不見丈夫歸來，鄰家傳來熱鬧的嬉笑聲，妻子更覺孤獨，於是她給晚歸或不歸的丈夫寫下這麼一段話：

「曉軍，等至夜深，依舊不見你歸來，想是到同事家打麻將去了。

「一周繁忙的工作之後，確實應該輕鬆一下心情，但願你能確實輕鬆。

「晚上，我獨自一人立在陽臺邊數天上的星星，並猜測哪一顆星星屬於你所在的位置，有一顆最初很亮很亮，可我看得久了，卻發現它又黯淡下去，最後我都找不著了。

「起風了，吹得門窗砰砰作響，每一次門響，我都以為是你回來了，與奮地打開門，外面卻是黑漆漆的夜……

「我在等待一個不回家的人，我想你一定不願意這樣，雖然你人留在了一個我不可知的地方，但家裡到處都閃現出你的身影，廚房的餐桌上還留著你早起喝剩的半杯牛奶，已沒有了早晨熱騰騰、飄著牛奶的香味，我只好把它倒掉了，等你回來，我再重新為你沖上一杯，但願你不會再把它剩下。」

請再看另一段妻子留給不歸丈夫的話，比較一下二者的效果。

「我就知道你今晚心又癢得難受，『死豬不怕開水燙』，你是無可救藥了，像這樣下去，日子沒法過了。

「你在外面輕鬆快活，留下我孤獨一人，早知道我還不如回娘家去，待在這破家幹什麼。

「我鄭重警告你：你再這樣，我告訴你爸媽，我不相信，你的毛病我治不了，別人也治不了。」

兩段話的效果應該是截然不同的，後者充滿了怨恨、責怪，這樣尖銳的話說出來非但達不到效果，反而會令對方更爲反感。

很多做妻子的，往往刀子嘴，豆腐心，雖然洗衣、做飯全包，丈夫回家，可口飯菜端上桌，嘴裡卻嘮嘮叨叨沒個完，不是回來晚了，就是衣褲不整，要麼是左右鄰里一大串，你家如何如何又如何，結果聽得丈夫一忍二，二忍三，實在忍不了，扶桌而起，或默然無語，或拂袖而去，飯菜沒吃多少，煩惱塞了一肚，實在厭煩無奈，蒙頭倒睡，不識相的妻子是不斷的指責：不脫衣就睡，吃飽飯也不洗碗，就這樣沒完沒了，家庭成了兩個人的負擔，兩個人的災難，可在心裡面，她真有這麼多的怒氣和憤慨嗎？

其實，每個女人都會認爲做家務是不可避免也難以逃避的一種責任，沒有一個女人會以爲自己成了家以後是什麼也不需要做的，既然嫁人之前，就多少對做家務有心理準備，因此那些嘮叨的話語就成了她向丈夫誇耀自己能幹和賢慧的特殊語言，也成爲她和丈夫交流的唯一語言方式，她不知道同一內容、同一意思用不同的話說出來，效果就會大不一樣。

「回來了？有沒有興趣幫我洗一下菜？」

「看你疲倦的樣子，一定很忙吧？」

「我想，你是沒有興趣跟我一起睡了。」

「不對吧，你原來挺愛乾淨的。」

「我嫁給你，就是因爲你很有能力。」

「你一定會把那件事做好的，你一向都很機靈。」

「你該不會是個吝嗇鬼吧！」

「真是你想到了！」

「別多想了，我知道你有難處。」

「幫爸媽買點東西帶回去吧！」

「你做的菜比我做得好吃多了。」

用這樣一些軟話來說服對方，效果會更好。

男人一般都是遇剛則剛，遇柔則柔的，他們通常經不起女人的柔言細語。所以，刀子嘴最好還是將其早早封殺為好，只需「豆腐心」便能將他制服。

02 感情遇到危機時如何說話

美滿幸福的家庭讓人羨慕，但現在隨著異性之間的交往越來越密切，婚外情成爲一個嚴重的問題擺在了夫妻雙方的面前。而處於弱勢地位的一方，該如何面對這些呢？

學會信任，這是對自己有信心的表現。夫妻之間相互信任是不可缺少的一種美德，同時也是維持雙方良好情感的前提條件之一。相反的，猜疑只會增加彼此的隔閡。如果不分青紅皂白，一味地猜疑、指責對方，反而容易把對方推向別人的懷抱。

但是，也不能過於對對方和異性的交往粗心大意，要學會幫助對方把握好交往的分寸。有時夫妻兩地分居或經常分離，也容易給人以可乘之機。

小郁是一家報社的記者，事業心比較強，經常要出去採訪，回到家裡又忙著家務和工作，和丈夫的交流有所減少。

有一天，小郁沒出差，難得一家人都在一起度週末。兒子忽然問：「媽媽，怎麼你在家裡，王阿姨就不來玩了？」

小郁問丈夫：

「王阿姨是誰？」

「是我們單位剛報到的新人。」

丈夫不好意思，臉有點紅。

小郁沒有再追問了，只是哄著兒子說：

「下次我們請王阿姨來玩，好嗎？」

小郁想想自己對丈夫如此信賴，竟……思前想後，心裡很難受。真想和丈夫大吵一頓，或者離婚算了。

過了一會，小郁情緒冷靜多了，認識到自己經常在外，對兒子和丈夫未盡照顧的責任，更何況自己並不能確定丈夫和新同事的關係。如果不分青紅皂白的和丈夫鬧，倒顯得自己沒理由了。

晚飯，她特地做了幾道丈夫最愛吃的菜。

晚上，她把孩子哄睡了之後，依著丈夫靠在床上，輕輕的說：

「我經常外出採訪，讓你一個人在家帶孩子，實在太難為你了。我不在時你肯定好寂寞，就像我孤零零一個人睡在旅館裡一樣。現在我靠在你身上才覺得好踏實，沒有你的支持，我的工作一天也做不好。」

丈夫一聲不吭，憐愛地撫摸著小郁的頭。

小郁輕輕問：

「我們週末一起請她來吃晚飯好嗎？」

丈夫面有難色。

「你還不放心我嗎，我不會讓你為難的，更不會為難她。」

週末，小郁又一次親自下廚。新同事來了，小郁熱情的進行了款待。臨走時，小郁特地讓丈夫看孩子，自己獨自一人把新同事送下樓，拉著她的手說：「都怪我自己對工作太狂熱了，對周（小郁的丈夫）缺乏照顧，謝謝你常來帶我們寶寶玩，也幫著照顧小周。看你這樣溫柔可愛，不知道哪個人有福氣娶到你。好了，不遠送你啦，有空歡迎常來玩。」一席話讓新同事又是感激又是慚愧。

後來，新同事找了個帥氣的男友，他們與小郁夫婦都成了好朋友。

小郁面對丈夫和新同事的曖昧關係，沒有失去理智，大吵大鬧，「家醜外揚」，而是給雙方都留了面子。

面對丈夫，小郁以情動人，首先向丈夫道歉：自己工作太忙，沒有盡到妻子和母親的責任。同時也表白：自己出差在外也很辛苦、寂寞，很思念家。

面對新同事的一番話，則是綿裡藏針，既熱情有禮貌，同時也暗示對方，自己的丈夫是有婦之人，讓對方拿捏好交往的分寸。

03 爭吵有分寸，和好有妙方

俗話說：「夫妻沒有隔夜仇，床頭吵床尾和」即使是最恩愛的夫妻，相互間也難免發生爭吵。一般口角，吵過之後也就完了，但是，如果爭吵起來不加控制就可能激化問題，引出意想不到的壞結果。所以，夫妻爭吵有必要控制好「分寸」，即使在最衝動的情況下，也不要超越這個界限。這裡要注意以下幾點：

一、不帶髒字

爭吵時，夫妻雙方可能高聲大嗓，說一些過重的話，但是絕不能罵人，帶髒字。有些人平時說話帶髒字和不雅的口頭禪，爭吵時也可能順口說出來。然而，這時對方不再把它當成口頭禪，而視為罵人，因此同樣會發生「爆炸」。

二、不揭短

一般說來，夫妻雙方十分清楚對方的毛病和短處。比如，對方存在生理缺陷，個子小，不孕，或有過前科等。在平時，彼此顧及對方的面子而不輕易指出。可是一旦發生爭吵，當自己理屈詞窮、處於不利態勢時，就可能把矛頭對準對方的短處，挖苦揭短，以期制服對方。

有道是「打人莫打臉，罵人不揭短」，任何人都最討厭別人惡意揭短，這樣做只會激怒對方，擴大矛盾，傷及夫妻感情。

三、不翻舊賬

有的夫妻爭吵時，喜歡把過去的事情扯出來，翻舊賬，拿陳芝麻爛穀子做證據，歷數對方的「不是」和「罪過」，指責對方，或證明自己正確。這種方式也是很愚蠢的。夫妻之間的舊賬很難說得清。如果大家都翻對自己有利的那一頁，眼睛向後看，不但無助於解決眼下的矛盾，而且還容易把問題複雜化，讓新賬舊賬糾纏在一起，加深怨恨。夫妻爭吵最好「打破盆說盆，打破罐說罐」，就事論事，不前掛後連，這樣處理問題，才容易化解眼前的矛盾。

四、不涉及親屬

有的夫妻爭吵時，不但彼此指責，而且可能衝出家門，把對方的父母、親屬也拖下水。比如說：「你和你爸一樣不講理！」「你和你媽一樣混帳！」等。如此把爭吵的矛頭指向長輩是錯誤的，也是對方最不能容忍的。總之，夫妻爭吵只要掌控好了分寸，就不會傷及感情，「雨過天晴」，兩個又會和好如初。

五、不貶低對方

最容易激起對方反感的莫過於拿別人家的丈夫、妻子作比較，來貶低自己的丈夫或妻子：「你看看人家老王，有手木匠活多好，光是每月給別人做幾個大櫃，就幾千塊了。」「同樣的收入，人家小陳家每月可存入幾千元，你呢？月月超支，怎麼當家的？」俗話說：「人比人，氣死人。」要是對方接受數落，嚥下這口氣倒也罷了，就怕對方敬你一句：「你覺得他（她）好，怎麼不跟他（她）過去呀！」長此下去，夫妻關係必然產生裂痕。打破沉默、消除冷戰的方式有以下幾種：

一、留下退路

小倆口打仗，妻子的絕招之一就是抓上幾件衣服或抱上孩子回娘家。如果丈夫施些補救之計如追妻至大門外：「你走了我怎麼生活！」、「等一等，我去給你叫輛計程車！」、「就當今天是星期天吧，明天就回來！」如此等等，話說到點子上，常能打動對方的心，即便是她走了，但感覺總是不一樣的，為她的回歸留下了餘地。

二、打電話向對方道歉

當面講難以啓齒，而在電話裡講，雙方都比較自然、方便，也可以透過其他話題進行溝通。生活在一起，家務事總是有的。上班時，你可以打通電話給對方，以有事相商來引發對話。此種方法應既考慮對方樂意接受的內容，且又給對方發表意見的機會。

三、認錯求和

如果一方意識到發生爭吵的主要責任在自己，就應主動向對方認錯，請求諒解。如：「好了，這事是我不好，以後一定會注意。這件事是我考慮不周，責任在我，我賠不是，你就不要生氣了，氣出病來，可不划算！」對方聽了，一腔怒火也許立刻就煙消雲散。退一步說，即使錯誤不在自己一方，也可以主動承擔責任。

四、求助示弱

早晨起床時，已經幾天沒與妻子說上一句話的丈夫問妻子：「你給我洗好的那件白襯衫放到哪裡啦？」早已想和丈夫恢復正常的妻子見有了臺階，忙著應聲：「你這個人呀，總像客人似的，衣服放在哪兒都不清楚，我去給你拿來。噢，對了，昨天還給你買了件新的，只是忘了告訴你。」「是嘛，快拿來看看，還是老婆心裡有我，鬥氣也沒有忘了冷暖。」這一來一去關係自然就好了。

在化解沉默中，女方「示弱」也是一小招。如早晨或晚上表現出不舒服、不想動、吃幾顆藥什麼的，都能引出丈夫的話題，因爲男人在關心妻子時開口，這絕不是屈從的表現，不會有損於大丈夫的形象。

五、直言和解

如果雙方的爭執並不大，只是偶然出現摩擦，就可以直截了當和對方打招呼，打破沉默。如說：「好了，過去的事就叫它過去吧，不要再生氣了。」對方會有所回應，言歸於好。也可以裝作把所有的不愉快都忘掉了，像什麼事也沒有發生似的，主動與對方說話，對方如順水推舟，便可打破沉默。如上班前，丈夫突然對還在生氣的妻子問：「我的公事包呢？」見丈夫沒有記仇，妻子也不好意思不理睬，應聲道：「不是在衣櫃上嗎？」這樣就打破了僵局。

六、幽默和解

開個玩笑是打破僵局的最佳方式。如果我說：「你看世界上的冷戰都結束了，我們家的冷戰是不是也可以鬆動一下？」、「瞧你的臉拉那麼長幹什麼！天有陰晴，月有圓缺，半月過去了，月兒也該圓了吧！女人不是月亮嗎？」對方聽了大多都會「多雲轉晴」的。

總之，只要一方能針對爭執的具體情況，採取相應的溝通方式，巧用言語，就可以儘快打破僵局，讓家庭生活恢復往日的歡樂與和諧。

04

溫柔的謊言能鞏固婚姻的堡壘

我們可以對陌生人說些言不由衷的「謊話」，那麼，為什麼不肯把它也送給自己心愛的人呢？有時候男女雙方感情的呵護，也不得不靠一些溫柔而善意的謊言。

一位心理醫生給幾位已婚男性做了一個有趣的試驗：如果妻子過生日，你突然有事，不能準時趕到，事後你們怎樣向妻子解釋才能獲得最佳效果？

大部分的先生都說，向妻子說明真相，使她相信自己被一件重要的事情耽誤了，以求得她的理解和諒解。

只有一個人說：「我絕不能向妻子說實話，因為無論我怎樣解釋，那歡樂的氣氛和失望的心情是無法彌補的。我會告訴妻子：下班前我收到一筆稿費匯單，於是我想把稿費領出，買一件妻子喜歡的禮物。可是不巧郵局那天特別忙，我一直排到郵局關門才領到了錢。這時商店也都關門了，禮物也沒買成。那麼我把稿費交給妻子，讓她第二天自己去買。這樣，妻子一定會很高興，她會說我的心意就是最好的禮物。其實那筆錢不是什麼稿費，而是從我的『小金庫』中調出的。」

紐約的精神病學家亞黑山德拉．西塞蒙茲博士說：「撒謊有時候是善意的，比如說『你還是和以前一樣漂亮』，實際上就是向對方表明了自己的愛與忠實。」

有時候說一點謊話可以避免一場無謂的爭吵。在印第安那州房地產部門工作的凱蒂．瑞恩說：「我也許不想看網球賽實況轉播，但如果他想看，我就說自己也喜歡。讓他高興對我來說很重要。」

如果想讓對方高興而說一些謊話並不是壞事，但也不能太過於離譜。比如妻子過生日時，丈夫送了一個食物調理機作爲生日禮物，妻子心裡肯定不高興，這時候如果還說：「這正是我喜歡的東西！」就不能算是誠實了。如果她當時不願意說什麼，過一兩天後又委婉地向她丈夫說明自己的真實想法：謝謝你的禮物，但以後過生日時，我更希望能收到屬於個人的禮物。這樣就可以使丈夫知道妻子的真實想法，下次不會犯同樣的錯誤。

某些時候爲了不讓對方擔憂我們也會故意隱瞞某些事實。著名學者德伯拉．坦南解釋說：「一些男人不向妻子講述某些事情，是因爲他們認爲妻子知道後會放心不下。而妻子則不這麼看，她們認爲這是不信任的表現。」

女性有時候也會說一些保護性的謊話。專家勸告人們在說這類謊話時要特別留心，因爲自己的好意透過說謊的方式表現出來很容易被人誤解。

丈夫連續幾天在公司加班，晚上很晚才能回家，妻子很為丈夫的身體擔心。因此，有一天做完晚飯後便打電話謊稱家中有急事要他馬上回來。當丈夫回到家後，發現妻子只是為了要讓自己回家吃飯時，很不高興，二話不說就回公司去了。

西塞蒙茲博士指出，妻子這樣撒謊不利於夫妻關係的健康發展。他說，許多人是在根本不必要的情況下撒謊的，因而失去了許多原本可以和愛人增進瞭解的機會。

善意的謊言是調劑夫妻關係的潤滑劑，但是，真正相濡以沫的夫妻之間說假話也是要講求原則和藝術的。生活中，夫妻爲了打消對方的疑慮，避免其操心，可以說些無傷大雅的謊話。不過，如果不分場合、不分條件，一味講謊話，那樣就會受到對方的譴責，不利於雙方感情的維護了。

05

夫妻間「婉言」能使關係更融洽

兩個人即使結婚了，但仍然是兩個獨立的個體。說話也不能不講究分寸，尤其是在給對方提建議時，更要顧及對方的感受，避免傷害對方的自尊心。對對方提出建議時要小心謹慎，以免發生爭執。這種時候，採用一些婉言常常會取得更好的效果。

小薛非常喜歡跳舞，老公偏是個文靜的人。當老公正參加公職考試時，卻常被小薛拉去舞廳。小薛有個很不好的習慣，那就是不跳到舞廳關門不盡興，久而久之老公就受不了了。有一次他們從舞廳出來已是夜裡十二點多了，老公說：

「你的華爾滋跳得很棒，我還沒看夠。你一路跳回家怎麼樣？」

小薛撲哧一樂：「虧你想得出，丟下我一個人也不怕我碰上流氓。」

她老公這時言歸正傳：

「那你在舞廳丟下我一個人也不怕我打瞌睡被人嘲笑。」

小薛這時才知道老公壓根沒有興趣跳舞，以後就有所收斂了。

小薛的老公正是利用婉言相勸才收到了他所要建議的效果。試想，如果他直言相告的話，小薛肯定不高興，甚至還會因此而起爭執。

所以，當你想對家裡人提一些建議時，不妨說一些委婉的話，這樣在對方覺得你還是認可他的時候，就比較容易考慮你的建議。

阿慧是一個時尚的女孩，即使婚後，她仍穿著前衛，偏好一些暴露又貼身的衣服。丈夫小李心有不滿，卻又不好表達。一次，小李要去外地出差一個月，臨走前，給了阿慧兩萬元，說是給她自己去買衣服的。阿慧有點受寵若驚，於是說：

「才離開一個月，也不需要花那麼多錢買衣服啊！」

小李笑著說：

「這是給你充分的自由嘛。我在外地給你買的衣服你都不喜歡，這一個月，你可以盡情的買，也省得我從外地買回來。」

阿慧覺得有點不好意思了，因為自己在買衣服的問題上的確從沒有徵詢或尊重過丈夫的喜好。於是問：「那你希望我買什麼樣的衣服呢？」

丈夫還是很溫柔的說：「無論你穿什麼衣服，在我眼裡都很漂亮。不過，如果你能換換風格，說不定能發現自己的另一種魅力，比如端莊典雅或者窈窕淑女的那種，這樣，我也能欣賞到你不同風格的美麗了。」等丈夫出差歸來，阿慧果然買了不同以往風格的衣服，給小李帶來了無盡的驚喜。

小李的這招婉言相勸其實是源於《左傳．昭公二十年》，叫做「獻替可否」，就是一方面不否定對方原有的意見或做法，另一方面又為對方提出你認為同樣很好的意見或做法。如此一來，就避免了不必要的爭執。

夫妻關係的親密性決定了如果處理得好那麼自然生活會更融洽，而如果雙方不懂得婉言直來直去的會使對方受到傷害，越親密傷害也就越大，所以提建議時，讓對方覺得你是為對方著想，基於愛才給其建議，這樣更容易被對方採納。

06

夫妻間說話的地雷區

俗話說，良言一句三冬暖，惡語傷人六月寒。在社會上的人際交往中是這樣，在家庭成員的相處中也是如此，遺憾的是，現實生活中，不少夫妻在語言交流的問題上還存在著一些不正確的看法，生活在地雷區中。

一、夫妻之間的語言交流，僅限於談家事，而不談單位的事。

這些夫妻認爲，夫妻之間的交流就應該是夫妻之間的事，家庭的事，不應該談什麼家庭之外的事。他們覺得，和對方談自己單位的事沒有必要，說不定還會惹麻煩。對方不在自己的單位工作，因而對自己單位的情況不瞭解，要向對方講清一件事並不容易，還是不說的好。各自爲政，互不干涉，在單位不談家事，在家不談單位的事，界限分明。

這種看法似乎有道理，但仔細分析一下就會發現這樣是不對的。我們愛一個人是愛他的人格、智慧、才能等等，沒有全面的瞭解，怎麼會有全面的愛呢？

相互間談談單位的事，談談自己對這些事的看法，交流一下工作心得，這本身就是一種學習，一種研討，一種提高。有高興的事，說出來共同分享；有不順心的事，說出來請對方幫助指點，訴說衷腸，減輕壓力和煩惱。這本來就是夫妻間相互支持、相互信任的體現。

二、結婚就是兩個人在一起過，沒有什麼好交流的，話說多了就是在浪費時間。

這類夫妻認爲，結了婚，雙方的關係已經牢固，不需要再花太多的時間來談情說愛和交流思想了。

事實上夫妻之間的感情並不是固定不變的，而是經常變化的。因爲，任何感情都是時間和具體條件的產物，不存在永恆不變的情感，夫妻之間只有不斷地創造情感生活的新內容、新形式，才能保持愛情之樹常青。

愛情存在於雙方不停的創造活動之中。有了創造，才會有愛情，沒有了創造，愛情就會凋零、死亡。

語言交流，就是創造的重要內容和形式。夫妻間沒有了交流，便沒有了理解，沒有理解便沒有共識，更難有相互的忠誠和支持，所謂的「海枯石爛、天長地久」便很難實現。

回到家少說話或不說話，夫妻之間就是一起吃飯、睡覺，這樣的夫妻生活，怎會有高品質？怎會不令人感到乏味？

三、既然結婚了，是一家人，說話就不用再謹慎了。

在談戀愛時，他們很注意自己的語言表達，包括有聲的和無聲的，有形的和無形的，說話總是「想著講」，生怕自己的話講得不得體使對方不愉快。「想著講」就是對方怎麼愉快，自己就怎麼講。可以說，甜蜜的愛情，是透過對自己語言和行動的自覺限制而實現的，倘若沒有限制，既沒有愛情，也沒有甜蜜。

可是，結婚之後，他們便認爲大功告成了，該鬆口氣了，說話不再講究藝術和技巧，而是變得放任自流、無所禁忌。例如，談戀愛時，他們說：「親愛的，請把門關上好嗎？」而結婚後，他們卻說：「喂，關門！」特別「簡潔」，不願多說一個字，還帶著一種令人不愉快的語氣。

這樣一來，原先愛情的甜蜜，便讓位給了不愉快的資訊刺激，家庭的爭執、婚姻的裂縫自然也就產生了。如果不及時調整、修正，婚姻就會向更壞的方向發展，直至離婚。

四、夫妻之間沒有什麼好顧忌，什麼都可以談，而且越多越好。

按理說，夫妻之間確實沒有什麼顧忌的，應該是什麼都可以談的。因爲既然真誠相愛，就應該明白實在，有什麼話就痛痛快快說出來，不必吞吞吐吐，瞻前顧後。

眾多事實表明，婚後不注意語言交流藝術，不創造語言交流的形式，是絕大多數家庭成員之間產生誤會、爭執，以致反目的極其重要的原因之一。所以再親密的關係說話也不要無所顧忌，語言藝術永遠要用。

面試口才

如何三言兩語贏得職位

CHAPTER.05

01

自我介紹怎麼說

在求職面試時，主考官一般都會要你先做個自我介紹。看似簡單的一個問題，但如果處理得不好，就會全盤皆輸。所以為了使用人單位全面、具體瞭解你自己，應實地向對方介紹自己的情況，即介紹與求職有關的、最主要的情況。與此有關的要介紹清楚，不要遺漏；與此無關的則不必介紹，以防眉毛鬍子一把抓，反而沖淡了主要內容。

介紹自己的情況時一般包括以下幾方面：

一、一般情況。如姓名、年齡、工作經驗或學歷、家庭住址等。

二、學歷及工作經歷。

三、職業情況。將所從事工作的內容、時間、職務、效果、評價一一說清。

四、其他情況。凡不屬以上三方面的內容而又有必要加以介紹，都可分小項介紹，如家庭成員、與本人的關係，也可專門介紹你的愛好和特長。

另外，如果對求職有什麼要求，也可以專門介紹。

爲了使錄用單位更全面地瞭解自己，將自己的基本情況整理好，介紹出來，是一項重要的、必不可少的工作。

除了介紹自己的基本情況外，還可以適當地將自己的能力和才幹表現出來。

某電信公司在招聘考試時，發現一位叫柳杉的應試者在校成績不太好。

主考者問道：「你的成績不大好，是不是不太用功？」

柳杉回答說：「說實在話，有的課我認為脫離實際，所以把時間全花在運動上了，所以身體特別好，還練就一身好功夫」。

主考者很感興趣，讓他表演一下，柳杉脫下衣服，一口氣做了一百多個伏地挺身，使主考者大為吃驚，立即錄用了他。

有時稍稍抬高自己也是必要的。面談者當然知道你不會「自道己短」，但別扯得太遠，「吹噓自己」時只要談談有關工作方面的內容即可，而且千萬要記住要用具體例子來做支持。比如說，你說「我和其他工作人員關係很好」時，別說到這裡停止了，還要舉一些具體事例來加以陳述，如「我總是和我的工作夥伴和屬下有著相當融洽的關係，而且我也跟從前每一位上司都成爲好朋友。」

此時應注意以下幾點：

一、只講正面性的事。

二、用證據來支持你的陳述。

三、陳述的內容要集中在工作所需的資歷之上。

四、簡明清晰不要超過三分鐘。

五、說完之後，可問對方是否還想知道得更多一些。

求職者總要想方設法把自己的能力和才幹表現出來，讓招聘者瞭解自己。然而，表達自己的能力和才幹也是一門藝術，如果一味地平鋪直敘，強調自己比他人好，恐怕會給人自吹自擂不謙虛的印象，所以，在說出自己的能力後應作些補充說明。如果有條件的話，即使不補充，也可以讓事實來說明問題。讓對方瞭解你的優點，從而錄用你。

02 求職面試的說話禁忌

求職面試時，一定要注意說話方式，否則會讓你與工作失之交臂。一般而言，求職面試時有以下幾個說話忌諱：

一、忌唯唯諾諾，缺乏主見

求職者適度、得體的恭維招聘者可以拉近二者之間的距離，讓主考官對你的談話產生一定的興趣，但這並非意味著你不能獨抒己見、表露自我。部分求職者，面對正襟危坐的招聘考官，想到山外有山，天外有天，不敢談想法說主張，面試時一味的唯唯諾諾，完全把自己置於一種被動受審的境地。也許他們認爲，這樣才可以避免恃才傲物、倚才輕上的人才通病，從而給主考官留下「服從領導」、「尊重上司」的印象。其實不然，你如此「表現」只能讓主考官覺得你缺乏主見，奴性十足。

二、忌狂妄自大，目中無人

求職看文憑，工作靠能力。用人單位在不瞭解求職者的能力時，文憑是一塊敲門磚，但它並非是全部。

某科技有限公司急需招聘高級軟、硬體工程師各一名。剛畢業於北部一明星大學資訊系的沈平看到廣告後前去應聘。他拿出燙金的畢業文憑，頗為自信地對主考官說：「我是知名學府本科生，英語六級。讀大學期間，對數位通訊產品的軟硬體開發有特別的研究，尤其是有較強的數位邏輯學電路設計能力，能熟練的運用組合語言和C語言編寫軟硬體驅動程式，只需要用我一個人，就能解決貴公司的一切難題，確保科研專案上水準、上臺階。其他的人在我到後一周之內，全部可以辭去……」

在討論是否錄用沈平時，公司有關方面的負責人意見一致：此人狂妄自大，目中無人，不予錄用。

沈平爲什麼落選呢?沈平在求職時，雖然文憑佔有一定優勢，但他出言鋒芒畢露，情緒偏激，不具備一名科研工作者所必需的涵養和風度。其次，沈平剛踏入社會，連一點實際經驗都沒有就誇誇其談，目中無人，缺乏現代企業所需要的團隊合作精神。因此，沈平自然就落聘了。

三、忌自慚形穢，膽氣不足

一次就業博覽會上，一家兒童玩具公司「誠聘美術設計師」的廣告前人頭攢動。何湘看到一批批高興而來掃興而歸的應屆技術學院學生，既同情又氣憤。她終於擠到考官面前，遞上了自己的畢業證書，沒料到考官看都沒看一眼：「你是畢業於哪所明星院校？你有創意經驗嗎？」

何湘面對這樣一位刻薄的主考官毫不友好地發問，她綿裡藏針：「我想請問考官，比爾．蓋茨是不是畢業於一流的哈佛大學？談到經驗，總統是不是要曾經當過的才行？」

當考官又因為何湘的專業不足進行挑剔時，何湘亮出自己的獲獎證書和創意作品，膽氣十足：「我要見見貴公司的老總！他一定歡迎複合型的人才。」主考官不禁大吃一驚，用一種新奇的眼光打量著這樣一位與眾不同的求職者，並請她談談自己的優勢在哪裡。「我雖非專業人才，但我的思維沒有定勢，靈感往往要超過內行。」何湘出色的表現最終讓主考官「OK」了。

學歷不高又無經驗的應屆畢業生，求職場上千萬不要自慚形穢，千萬不要被廣告上的條件嚇跑，企業招人，重學歷更重能力。鼓起勇氣，亮出你的「絕活」，最終你就勝券在握了！

四、忌君子一言，毫無轉圜

常言道「君子一言，駟馬難追」，但在求職時，倘若果真如此，十有八九，談砸走人。招聘官大多對人才進行這樣的攻心術：薪資不高，待遇偏差，實則壓價再壓價，要你「物美價廉」。作爲求職者，此時你不要一口回絕，也不要滿口答應，可以留一個轉圜的餘地，同時又可以穩住對方，給對方一些希望，讓他覺得你是此次招聘的合適人選。

五、忌不懂「包裝」，我賣你買

求職者倘若能把求職語言也進行一番精美而富有創意的「包裝」，那麼，求職成功的機會就會大大增加。

A和B的條件基本相同，都從同一公司辭職出來，又同時到一家私人公司應聘。初試都順利通過。有趣的是，複試時，人事經理問到兩人一個同樣的問題：「你為什麼離開你原來的那家公司？」B搶先回答：「原來那家公司的老闆是一個泯昧良心的狗雜種，一個徹頭徹尾的虐待狂，我不想再為他賣命了！」A卻心平氣和的說道：「其實，老闆能否留人的關鍵不完全在於薪水的高低。能否人盡其才，用人不疑，充分挖掘每個員工的聰明才智，我想這才是關鍵，同時也是我到貴廠的希望所在。」結果可想而知。求職和招聘不是簡單的「我賣你買」的生意，語言出口時，講究一點「包裝」，它會給你的求職路錦上添花。

對於初次找工作的畢業生來說，如何面對用人單位的選擇，如何與企業的招聘人員溝通，如何讓自己在眾多的求職者中脫穎而出，都是他們所要面臨的問題。

如果你想順利通過面試，那麼就要做到三個「第一」。

第一句話：面試過程中，講好第一句話，常常可以出奇制勝。大學生在面試過程中忌問毫無深度的問題，如單位是什麼性質、你們要招什麼人員等等，這些只要留心招聘簡章就可以找到答案的問題，非但不會給招聘者留下好印象，反而會讓人產生厭煩心理，面試分數大打折扣。

第一動作：一個細微的動作，能反映出一個人的整體素質。試想，一名要應聘研發單位的求職者，卻在招聘人員的面前手忙腳亂地翻找個人簡歷，那麼誰會放心將如此細緻的工作交給他呢？

第一印象：面試過程中，第一印象往往最直接的表現在衣著打扮上。不少求職者認為找工作穿得西裝革履才顯得正式。實則不然，不同專業、不同崗位應配以不同的打扮。例如藝術類的職位，主考官會觀察求職者的藝術氣質，這時一身休閒、隨意的打扮往往能起到意想不到的效果。

03

怎樣的說話方式能被面試官接受

從一定意義上說，面試的過程是一個讓面試官接受你、欣賞你的過程。如果能在最短的時間內發揮出自己的聰明才智，讓面試官眼前一亮，你就會有很大勝算。那麼，在面試過程中應該如何說話呢？

一、表明你的工作態度

一個人的工作態度可以反映他能否擔負大任。事實上，招聘者經常會關注的一點，就是看求職者對自己目前的工作有何看法。如果求職者認爲自己目前的工作很重要，那麼他很可能爲自己的下一份工作而自豪，這樣就會給招聘者留下深刻的印象。這是許多單位選用人的重要原則。一個人的工作態度與他的工作表現有著密切的關係。他的工作態度，正如他的儀表一樣，會對上級、同事和下級，乃至他接觸的大部分人透露他內在的品質。

國外某家企業欲招聘一個職員，有三位求職者報名前來。招聘人員讓這三個人想像正在打掃，然後問道：「你們在做什麼？」

第一個應聘者說：「打掃屋子。」

第二個應聘者說：「我正在做鐘點工，每小時三點三美元。」

第三個應聘者卻說：「你問我嗎？我正在整理一座世界上最龐大的賓館。」

結果，第三個應聘者被錄取了。

如果你作爲公司的主管人員，不難想像這三個人未來發展的情況會怎樣。最可能的情況是：前兩人依然是清潔工。他們沒有遠見，不重視自己的工作，缺乏追求更大成功的推動力。這種人很難爲企業的發展作出創造性的貢獻。而那位把自己看成在整理大賓館的清潔工絕不會永遠是個工人。也許他已成爲管理者，甚至成爲有名的賓館經理。第三個清潔工已經掌握了新的思維方法，這爲他在工作中的自我發展開闢了道路。

二、亮出你的新意

青青去高雄某電子公司應聘時，穿的是一襲雅致的連身裙。老闆問她，為什麼願意離開家，遠從基隆來高雄工作。

青青微笑著說：「在高雄一年四季都可以穿裙子！」這出乎意料的回答，令老闆十分歡喜。他馬上笑著站起來，走過去握著她的手說：「好，我們歡迎妳，妳有一顆純真質樸的心。」

青青用句輕鬆的調侃，就化解了比較難回答的問題，表現了較強的應變能力。

一般來說，招聘者提出的問題可分爲兩類。一類是規定性提問，也就是招聘者事先準備好的對每一位應聘者都要提的問題；另一類是自由性提問，亦即招聘者隨意穿插的問題，這些問題往往是千變萬化、涵蓋寬泛的，招聘者可以從應聘者不經意的對答中窺視其優點或缺點。

無論是哪一類問題，應聘者在回答時都應當把握以下幾條基本原則：不要遺漏表現自己才能的重要資料；保持高度敏銳和機敏靈活的思維狀態；回答既要表現自己的個性氣質，又要表現出對招聘者的尊重與服從；認真傾聽對方的提問，並注意對方的反應，以便及時調整自己不恰當的回答；避免遇到「倒楣」、「晦氣」、「不幸」、「疾病」之類可能招致對方忌諱的字眼。

04

妙對面試官的陷阱問題

求職面試時，面試官經常設下圈套，以判斷求職者的心理素質、反應能力等，如果稍有不慎，就會落入圈套，以致全盤皆輸。那麼常見的陷阱問題有：

壓力問題

在求職面試時，有些主考官會故意提出一些問題，讓你處於不利的境況。如果回答的好你就可以順利通過面試，否則只有失敗的份兒。那麼我們一起看看下面這個例子：

在一次公務員面試中，主考官對一位少女考生的其他問題的回答非常滿意。最後，一位考官對她說：「妳是一個很漂亮的女孩，但是我們發現妳臉上有不少雀斑，妳覺得這會對妳的面試有影響嗎？」

面對這種故意提出的壓力問題，該女孩的回答非常精彩：

「我是來報考公務員的，今天主要考察的應該是能力，我想各位老師坐在這裡也肯定是為國家選材而不是選美，如果各位是來選美的，我想我不合適，但如果是選材，我相信自己是棟樑之材。」

女孩非常自信，沒有因爲被問及自己的缺點而喪失信心，相反，回答得有理有據，沒有正面回答缺點對面試是否有影響，而是從另外一個角度闡述，把問題交給考官，任其選擇，獲得成功。因此，當被問及自身缺點時，不要慌張。回答時可以揚長避短，突出自身優勢，減少缺點的影響。

迷惑問題

面試時，有些問題並非是面試官的本意，他們只是在試探你，看看你有何反應，面對這些迷惑性的問題時你可要提高警惕。

在一家企業面試中，張雷憑藉自己的實力已經通過了筆試和第一次面試，在最後一次面試過程中，主考官突然問道：「經過了這次面試，我們認為你不適合我們公司，決定不錄用你，你自己認為有哪些不足？」面對主考官的問題，張雷回答道：

「我認為面試向來是五分靠實力，五分靠運氣的。我們不能指望一次面試就能對一個人的才能、品格有充分的瞭解和認識。透過這次面試，我學到了很多東西，也發現了自己的不足——既有臨場經驗的不足，也有知識儲備的不足。希望以後能有機會向各位主考官討教。我會好好地總結經驗，加強學習，彌補不足，避免在今後工作中再出現類似的問題。另外，希望主考官能對我全面、客觀地進行考察，我一定會努力，使自己儘量適應公司的要求。」

其實，主考官這是在考察你的應變能力，並非真的對你不滿，如果他們認爲你不合適的話，是不可能再會問你問題。因此，要沉著應付，不要中了圈套而暴露自己的弱點，回答時可以虛一點，把重點放在彌補弱點上，這可以看出你積極進取的特質。另外，要誠懇地向考官討教，以博取他們的好感。

一、刁鑽問題

在面試時，經常會碰到一些刁鑽問題，如果按一板一眼的方式回答，很容易讓自己處於劣勢。這時你不妨以刁制刁。

在一次公司求職面試中，某主考官見一位台南來的馬先生知識淵博，思維敏捷，各類問題都對答如流，便突發異想，拋開原定題目，出了一道偏題：「朱自清的散文《春》，眾人皆知。請你回答這篇文章一共多少字？」這下可真把馬先生考住了。他暗想，主考出此題目未免脫離常規，既然有意刁難，錄取必然無望，就不管一切，大膽反問：「主考官的尊姓大名，天天目睹手寫，也已爛熟，請問共有幾筆？」主考官想不到應考者竟會有如此反問，一時愣住。事後，主考官十分賞識馬先生的才能和膽識，於是親自錄用。

有些問題過於刁難，而且實在無法回答，不妨反戈一擊，反問對方，可能會起到意想不到的效果。不過，切記要保持微笑，以禮待人，因爲主考官只是在考察你的應變能力而非真的刁難你。

二、測試式問題

有些問題的目的是測試面試者的綜合素質，諸如誠實、信用等。面對這些問題，你要三思而後行。

謝元在應聘某家公司財務經理一職時，被問道：「作為財務經理，如果總經理要求你一年之內逃稅一百萬元，你會怎麼做？」因做過很多財務工作，謝元深知工作中的要求規則，於是很快的回答：「我想您的問題只能是一個『如果』，我確信像貴公司這樣的大企業是不會做違法亂紀的事情的。當然，如果您非要求我那麼做的話，我也只有一種選擇：辭職。雖然能夠在貴公司工作是我一心嚮往的，但是無論什麼時候，誠信都是我做人的第一原則。我不能為了留在公司工作而違背良知、違背工作準則。」

面對這類問題，如果你抓耳搔腮地思考逃稅計謀，或者思如泉湧地立即列舉一大堆方案，都會中了主考官的圈套。實際上，主考官在這個時候真正考核的不是你的業務能力，而是你的商業判斷能力及商業道德方面的素養，遵紀守法是員工最基本的要求。謝元的回答非常精彩，既遵循了原則，又突出了誠信。

三、誘導式問題

面試時，有些考官會誘導你作出錯誤的回答，如果你中了圈套，你也就與工作無緣了。

王飛是一名大學畢業生，在一次公務員面試中，考官問道：「你認為金錢、名譽和事業哪個重要？」王飛面對這種誘導式的語言陷阱，回答道：「我認為這三者之間並不矛盾。作為一名受過高等教育的大學生，追求事業成功當然是自己人生的主旋律。而社會對我們事業的肯定方式，有時表現為金錢，有時表現為名譽，有時二者均有。因此，我認為，我們應該在追求事業的過程中去獲取金錢和名譽，三者對我們都很重要。」

這個問題，好像是一道單項選擇題，它似乎蘊涵了一個邏輯前提，即「這三者是互相矛盾的，只能選其一」。實則不然，切不可中了對方的圈套，必須冷靜分析，可以明確指出這種邏輯前提條件不存在，再解釋三者的重要性及其一致性。對於這種誘導式問題，不能跟隨主考官的意圖說下去，以討好主考官。這樣做的結果只能給主考官「此人無主見，缺乏創新精神」的感覺。

在生活中，這樣的事例是很多的。有些外企或國有大型企業，人力資源部在招聘職員時，對職位都要作充分的測評，以便在招聘過程中，做到有針對性、有目的性，並且有的公司已經爲即將聘入職位的新職員做好了職業生涯規劃。因此在招聘中，會有意地設置一些陷阱問題檢測應聘者是否具有該職位所要求獨特的能力和素質。這時候，應聘者就需要有一顆洞察「問題」的慧心。首先，確認人力資源經理考察的重點所在，招聘職位從長遠角度看需要哪些技能和素質。其次，要考量應聘公司的行業領域及行業背景；當然也要揣摩人力資源經理的喜好。

05

有些問題要折中回答

折中可以說是一門藝術，是祖先智者留下的一顆智慧結晶；是爲人處世，各個方面都可以適當運用的生存立世之道。

在求職面試中，主考官經常會給你出一些令你左右兩難的問題。在這個時候，你可以選擇緘默嗎？不能，那只會使你與工作失之交臂。你只能勇敢作答，但有勇也要有謀。左不行，右也不行，那就最好採取折中術。

在一次外企面試中，雙方交談得很投機，看來希望不小。接近尾聲時，主考官看了一下表，問：「可不可以邀請您一同吃晚飯？」

原來這也是一道考題。如果考生痛快接受，則有巴結、應酬主考官的嫌疑；如乾脆拒絕，又被說成不禮貌。考生動了動腦筋，他機智的回答道：「如果作為同事，我願意接受您的邀請。」

由於他預設了一個前提條件，所以他的回答十分得體到位，獲得好評。

對於可能設有「陷阱」的提問，一般情況不要直接回答，而應想一想對方的用意是什麼，「機關」在哪裡，然後運用預設前提的說法跳過陷阱，予以回應。所謂折中術，就是採取一個巧妙的方法將劃分左右的界限模糊掉。

日本住友銀行招聘公關人員時，極為重視職員協調人際關係的才能。該銀行沒有專門考核應聘者的業務知識，而是提出了一道別出心裁的判斷題：「當國家的利益和住友銀行的利益發生衝突時，閣下採取何種對策？」

三類不同的應聘者對問題的回答迥然不同。

第一類人回答：「當國家利益跟我們銀行利益發生衝突時，我會堅決地站在我們銀行的立場上。」

銀行主管人員認為，這樣的人將來准會捅婁子，不能聘用。

第二類人回答：「當國家利益和住友銀行利益發生衝突時，我作為國家的一員，應該堅決保護國家的利益。」

銀行主管人員認為，第二類人員適合政府部門的工作，也不可取。

第三類人則回答：「當國家利益和銀行利益發生矛盾時，我要盡全力淡化矛盾。」

銀行主管人員認爲這種人才是住友銀行需要的高手。企業與政府的關係往往集中表現在國家利益和企業利益上，企業公關人員作爲企業與公眾之間的媒介，只有注重社會整體的協調性，善於採取圓融戰術，才有可能妥善處理好企業與國家的關係。

在這裡尤其要指出一個方面是，由於女性本身所具有的一些求職方面的先天劣勢，如結婚生子、照料家庭內務等，招聘單位常擔心其婚姻和家庭會影響工作，所以面試時往往提出許多相關的問題。這些問題或刁鑽古怪，或直擊要害，總讓人覺得左右兩難，如何回答都不妥當；但能否回答好這些問題，又直接關係到求職是否能獲得成功。比如，其中有一個問題常常被當作攔路虎時時跳出來爲難求職女性：如果讓你在家庭與事業之間做選擇，你認爲哪一個更重要？

這是一個老生常談的問題，也是一個難題。事實上這是一個對於任何人都重要的問題，之所以更經常地出現在女性求職者面試的情景中，是由於女性往往要對家庭內務承擔更多的責任，而這些責任很可能與工作相衝突。招聘單位自然非常希望你以事業爲重，但也很清楚誰都希望擁有一個幸福美滿的家庭，有幸福的後盾支持，才能無後顧之憂的集中精力工作。顯然，這道題目是個兩難的選擇，不管你選擇家庭還是事業，無疑都是不合適的。所以，回答這個問題的時候，不妨換個角度，不和題目正面衝突，又給出了招聘單位想要的答案。你可以參考如下的回答：

「我認爲，無論在工作上還是在家庭中，女性的最大目標都是要使自己活得有價值。雖然我很想透過工作來證實自己的能力、體現活著的意義，但家庭對於我的意義也是不容小覷的，我也相信，不只是我，可能每個人都是這麼認爲的。家庭和生活也許是互相影響的兩方面，但我相信，它們並不是站在對立的立場上，處理得當的話是完全有可能兩全其美的。事實上，有很多女性都是這樣做的，而且她們也做得很不錯。我認爲我也可以做到。」

這樣的回答，既表明了你對待工作的態度，又表達了你對家庭的熱愛，而這兩點，正是一個心理健康、成熟的女性所應該具備的。

其實，在面試中折中回答問題，就是避開問題鋒芒，不要表明你對任何一個方面的傾向，所有的回答都要爲求職這個目的而服務。

06 離職原因小心表達

「你能說一說離開原單位的原因嗎？」這類問題在面試時經常會被問及，面試考官能從中獲得很多有關你的資訊。因此，求職者面對這個看似簡單的問題，回答時切不可掉以輕心。對於一些普遍性的原因，如「大鍋飯」阻礙了自身的發揮、上班路途太遠、結婚、生病等人們都可以理解的原因，是可以如實道來的。而對下面一些原因就要慎之又慎了，否則，很有可能使你的面試陷入僵局。

一、關於上司的問題

對你的前任上司切不可妄加評論，要知道現在招聘你的考官可能就是你未來的上司，既然你可以在他面前說過去的上司不好，難保你今後不在上司面前對他說三道四。一個人要在社會中生存，就得與各色各樣的人打交道，挑剔上司說明你對工作缺乏適應性。

其實主考官心裡有數，知道許多人是因爲討厭上司而辭職不幹的，他們自己也可能因爲同一原因換過幾次工作。但是沒有多少雇主喜歡聽這種話。

惠普公司的副總裁麥克．李弗爾說：「我想不通爲什麼有些人希望我錄用他，卻又去談他和上司有衝突。那等於拉響了警報。」然而，如果你真是因爲上司太難應付而辭職，就應該委婉地告訴主考人，這比直接說出來好得多。要說得得體，保持冷靜。

如果你只是因爲領導層頻頻換人而辭職，而領導本人並無問題，這個原因你也不可以隨便講出。原因很明顯，工作時間你只管做自己的事，領導層的變動與你的工作應該是沒有直接關係的，你對此過於敏感，也表現了你的不成熟和個人角色的不明確。

二、關於人際關係的複雜

現代企業講求團隊精神，要求所有成員都有與別人合作的能力，你對人際關係的膽怯和避諱，會讓人認爲你心理狀況不佳，處於憂鬱、焦躁、孤獨的心境之中，從而妨礙了你的事業發展。

三、關於工作壓力太大

在這個快節奏的現代社會，無論是在企業內部還是在同行業之間，競爭都很激烈。競爭不僅來自於社會壓力，同時也使員工處於高強度的工作壓力之下。如果你動不動就說，在原單位工作壓力太大，很難適應，很可能讓現在的招聘單位對你失去信心。

四、關於競爭過於激烈

隨著市場化程度的提高，無論是在企業內部還是在同行之間，競爭都日益激烈，需要員工很快適應，在這種環境下做好本職工作。

五、關於你想換行業的意願

洛杉磯的招募員霍華德．尼奇克告誡說：「不要直接說『我想試一試另一份工作』。我聽了會這麼想：『此人對自己的方向都沒搞清楚』。」你應該說，以你的能力、個性和志向，做這份新工作更適合，或者說，你想「增加」一些能助你取得更大成就的新經驗。

你可以從幾個方面來說，一方面是自己的專業基礎（假如你是學電腦的），例如會計事務所其實很歡迎工科的學生，因為他們對數字很敏感，曾經的工作經驗、社會活動、個人感受，說明你對這個職位的瞭解；另一方面告訴主考官你的性格，正是這樣的性格適合這份工作；此外，再把你的興趣與工作聯繫起來就使這個回答更加圓滿了。

在上述幾個慎重回答的重點中，我們推薦儘量採用與工作能力關係不大，能為人所理解和接受的原因，如為符合職業生涯規劃；住處離公司太遠不方便上班，影響工作效率；生病離職（這種病不是經常性發作的）等。

07

要求薪資時怎麼說

求職面試時難免不談起薪資。一個人的薪資是與其能力、作用、表現和貢獻等息息相關的，在用人單位尚未瞭解你上述情況時，開價過高，難以被用人單位接受；開價過低，吃虧的又是自己。

怎樣與用人單位協商薪資？你必須首先應該知道以下幾點：

一、除非用人單位已經十分明確表態要用你，否則不要討論薪資；

二、切勿盲目主動提出希望得到的薪資數目；

三、盡可能從言談中瞭解用人單位給你的薪資是固定的還是有協商餘地的；

四、面試前設法瞭解該行業薪資福利和職位空缺情況。

在協商過程中，如果用人單位要你開價，可告訴其一個薪資幅度。如他一定要你說出個明確數目，可問他願意付多少，再衡量一下自己能否接受。

爲減少討價還價的盲目性，可到其他同類公司詢問職位空缺情況和大概的薪資標準，以便自己心中有數。同時別忘了，福利也是你應得的報酬，如醫療保險、公積金、帶薪休假和年底分紅等。

理想的薪資金額，應是用人單位和求職者雙方都能接受的，而應試者應表現一定的靈活性。當薪資福利談妥後，最好要求用人單位寫份協定合同，因爲有些用人單位面試之後，很可能會忘掉曾答應你的事。

工作談判不能像其他談判那樣，一味設法提高對方開出的條件，而對方就只顧壓低你的價錢。把原來和諧的氣氛弄成敵對的局面，這對你實在沒有好處。

談判一旦出現僵局，不妨把話題轉移到有關工作的事情上。例如，對方有心壓低你的薪資，就可將話題轉移到你上任後有何大計，如何擴大市場佔有率和如何降低產品成本等，那樣原來緊張敵對的狀態，很快便會變成同心協力的局面。

公司都希望應試者對應聘的職位感興趣，而非純以金錢掛帥。因此，只要老闆覺得請你沒有令公司損失，要爭取高薪、福利並不困難。你可以討論自己的才能、經驗，要求老闆讓你承擔多一點責任，甚至把職位提高，這樣就有機會將福利提高。即使無法調升職位，但是工作範圍擴大了，公司多付薪水給你，也不過是補償你額外的工作，亦不會因任何一方吃虧而令談判中斷。

如果受公司預算限制，甚至比你現有或以往的薪水還要少。只要你認定這是一份理想工作，不妨暫時不談薪水。待對方認定你是最佳人選，再嘗試以職位及工作爲由，多要求些福利津貼。例如，若想要求提高公務開銷，你就應說以往工作順利，全因頻頻與客戶交際應酬，從而提出擔心公務開銷不夠，雇主也會樂於增加這方面的津貼。

08 如何破解面試冷場

在面試過程中，冷場常常出現在談話雙方都沒有激情的情況下，所以要用你的激情維持整個面試過程的活躍和熱烈。如果冷場出現，一定要主動打破沉默，找到可以激起面試官談話興趣的話題，或者運用提問打破沉默，如可以說：「我們換個話題好嗎？」

你可以對自己以上所說做個補充。如果你剛剛談了自己以前所取得的工作業績，你可以接著談一談自己有哪些不足，或者有什麼讓自己感到遺憾的地方。可以從正面補充，也可以從反面，這樣會讓主考官覺得你思考問題很全面。

王建在一家公司待了三年，積累了一些經驗，想換個環境，找一家新的公司。在網上投出簡歷不久，就有一家公司通知他去面試。

面對面前的五個主考官，王建雖然身經百戰，也還是手心冒汗。開始的時候他們輪番轟炸，你一言我一語，問了很多有關專業的問題和他對這個工作的認識。過了幾分鐘，四位主考官有事出去了，只剩下一個人提問。到後來，這僅剩的一位主考官問題越來越少，最終沉默下來。屋裡從一片吵鬧到寂靜，雙方都感到很不習慣，只好低下頭做些小動作。

王建看了看錶，距離面試結束還有五分鐘，如果就此沉默下去，自己這份工作肯定要報銷了。於是，他從一個被動答問者變為主動者，抬起頭來對主考官說道：「我聽說這個公司開始的時候只是給人家做一些仲介生意，經過老闆和員工們的努力，幾年時間就發展成了一個擁有二百多人的大公司。看來公司有一種非常好的企業精神。」

聽到王建打破沉默的這句話，主考官重重地點點頭說：「是啊。」原來他就是開始和老友一起創業的六個人之一，聽到王建談起公司的企業精神，馬上來了精神，和王建很愉快地又聊了十五分鐘。臨走的時候，他對王建說：「你很不錯，等好消息吧！」

第二天王建就接到電話，他被錄取了。

適當地總結一下，也是不錯的處理辦法。當主考官沉默時，你可以大膽地說「總之……」，爲你的言論做個簡短的結尾。事實證明，這往往行之有效。你也能另起一個新話題，最好能在面試前就準備好幾個話題，以備不時之需。一旦遇到冷場，馬上話鋒一轉，與主考官進行新的討論，使對話朝著有利於你的方向發展。

面試開始時，有的應試者不善打破沉默，他們出於種種顧慮，不願主動說話，只等待面試官打開話匣，結果使面試出現冷場。其實，面試中的沉默有時候是許多主考官的「殺手鐧」，因爲這能有效檢驗應聘者的心理素質和辦事能力。有的面試官是故意不說話，只拿眼睛注視著應試者，這其實是一種無聲的提問，他在等著應試者主動打破沉默。可是有些應試者以沉默對沉默，你不開口，我也不開口，結果使面試出現冷場。有的應試者雖然勉強打破沉默，可是詞不達意、語調生硬，反使場面更顯尷尬。這樣的錯誤是致命的，一個不善於打破沉默的人，會被認爲是缺少交際能力、缺少自信而且很難相處的人。一位人事主管說，在與求職者面談的時候，他就非常喜歡沉默，以此來看看對方的應變能力。這時，你應該主動打破沉默。實際上，應試者主動致意與之交談，會留給面試官熱情和善於與人溝通的良好印象。

面試過程中的交流應該是互動的，無論是面試前還是面試中，應試者應善於尋找合適的話題打破沉默，不管這種沉默是無意的還是主考官有意設置的。這是一種自信的表現，也是一種能力。

09

揚長避短，力求完美

金無足赤，人無完人，如果你想刻意掩蓋自己的缺點，尤其是那些顯而易見的缺點，恐怕會招致反感。最好的辦法就是在與主考官交談時坦然地主動承認，但是，承認缺點是要講求方法的，最好在談缺點的時候，模糊該重點，甚至暗暗對自身優點誇讚一番。

當求職者的簡歷上有明顯的留級記載，你可以這樣談及這件事：

「我也覺得留級一年很不應該，當時我擔任社團的負責人，把心思全部投入社團活動上，反而忽略了自己當學生的本分，等我察覺到這個錯誤時，我已經留級了。雖然我花在社團的心血，也帶給我不少的收穫，可是每想到自己因此而留級，就覺得很可恥，我一直都對此事耿耿於懷，更不願重蹈覆轍。」

從你的話語中，主考官反而關心起你社團負責人的工作來，他猜測該應聘者在社交方面的能力會非同一般。求職者明說缺點，暗中卻在展現自己的能力，這樣的坦白何其高明，何其漂亮。

我們都非完人，但可以揚長避短。

在某公司招聘部門經理的面談中曾有這樣一段對話：

問：「你不認為自己做這項工作年輕了些嗎？」

答：「我已經二十三歲了，事實上，下個月我就二十三周歲了。儘管我沒有相關的工作經歷，但我卻有整整兩年的領導校學生會的工作經驗。一九九二年初，我被推選為該年度的校學生會主席，之後又連任一年。你們可以想像，管理組織三千多名學生並非易事，沒有一定的管理才能和領導藝術，是無法勝任的。所以，我認為，年齡固然能說明一定的問題，但個人的素質和能力更為重要。因為這正是一個部門經理所不可缺少的。」

這就是一種典型的揚長避短式的回答。答者極力宣揚個人的長處，並把自己的長處與應聘的工作有力的結合起來，變不利爲有利。

我們可能經常會遭遇這樣一個問題：「你認爲你自己最大的弱點是什麼？」我們

不得不針對這個提問做一番對策準備。

這是一個棘手的問題。如果照實回答，你可能會毀了工作；如果回答沒有什麼缺點，又實在不能令人信服。招聘官試圖使你處於不利的境地，觀察你在類似的工作困境中將做出什麼反應。

「朋友們都說我做事情過於追求完美，以至於有些吹毛求疵。記得學校校慶時我負責宣傳壁報的製作，重複做了四次，被和我搭檔的同學埋怨了好久。」這樣的回答，說的雖是自身的缺點，卻表現了正面的效果，展現了你對工作的認真和負責。

從辯證的角度看，缺點與優點是相互轉化的，「橫看成嶺側成峰」，對缺點本身來講，有些「缺點」對某些工作來說恰恰是優點；對有缺點的人來講，坦然承認，並懂得迂回之術，變短為長，揚長避短，都會使消極評價轉化為積極的評價。

求職面試時，如何做到揚長避短？

一、不宜說自己沒什麼缺點。

二、不要把那些明顯的優點牽強地說成缺點。

三、切勿不經思量地說出那些嚴重影響所應聘工作的缺點。

四、不宜說出一些令人不放心、不舒服的缺點。

10 獨樹一幟，主張個性

意氣風發的你懷裡揣著個人簡歷，爲謀求一份滿意的工作盡著種種努力。人才市場、招聘會、就業指導中心、互聯網上，都留下了你輾轉流連的腳步。面對著熟悉而又陌生的社會，面對著成千上萬的優秀競爭者，你也許感到迷茫彷徨，怎樣才能在眾多應聘者中脫穎而出，讓招聘方看到你呢？請在言談中發揮你的創意吧，彰顯你的個性，若干競爭者都會迅速排到你的後面去。

陳鋒南下高雄，第一次參加應聘面試卻遲到了，到達該公司時，已有三十個求職者排在他前面，他是第三十一位。

怎樣才能引起主試者的特別注意而贏得職位呢？陳鋒很快拿出一張紙，在上面寫了一些東西，然後折得整整齊齊，走向秘書小姐，恭敬地對她說：「小姐，請你馬上把這張紙交給老闆，這非常重要！」

那小姐很稱職，點點頭把那張紙條取走，並很快送到老闆的桌上。老闆看後笑了起來，因為紙條上寫著：

「先生，我排在隊伍的三十一位，在你看到我之前，請不要作決定。」雖然遲到了，陳鋒卻反而利用這一點，將劣勢轉為優勢。

最終陳鋒得到了工作，這是他善於用腦的結果。

確實，一個會動腦筋的人，一定是個富有創意的人，而這家廣告公司所要的人才，就是要求其想像力豐富，有創意。

在面試過程中，招聘人員經常會產生奇思妙想，故意拋出難題來考驗你的想像力和創造力。這時候，切忌平淡做出回答，最好讓你的思想長上一雙翅膀，多發揮創造力，讓你的回答獨樹一幟。

某公司在一次「形象大使」的挑選賽中，為了測試參賽小姐的應對技巧，主持人提出了這樣一個難題：「假如你必須在蕭邦和希特勒兩個人中間，選擇一個作為終身伴侶的話，你會選擇哪一個呢？」

其中有一位參賽小姐是這樣回答的：「我會選擇希特勒。如果嫁給希特勒的話，我相信我能夠感化他，那麼第二次世界大戰就不會發生了，也不會有那麼多家破人亡的事故發生。」

這位小姐的巧妙回答贏得了人們的掌聲。

這個問題難度較大，大多數人估計都不會回答「選擇希特勒」，因爲如果回答「選擇希特勒」，很難給予合理的解釋。那位小姐卻選擇了出人意料的答案，又找出了合理而又充滿正義的解釋，從而成功地推銷了自己的特色，以幽默、機智給評委留下了深刻印象。

怎樣樹立獨樹一幟的個性？

一、多動腦筋，發揮自己的創意，讓競爭者都排到你的後面。

二、有時，可用真誠的思想和坦率的語言突出自己的個性。

當你被問道：「你喜歡出差嗎？」你可以直率地回答：「老實說，我不喜歡。因爲從一地到另一地去推銷商品並不是一件愜意的事。但我知道，出差是商業活動中的一個重要環節，也是推銷員的主要工作之一。所以說，我不會在意出差的艱辛，反而會以此爲榮。因爲我非常喜歡推銷工作。我想這一點更重要。」又如，主持面談的經理問你：「如果我們接受你，你會做多久呢？」你可以這樣回答：「沒人願意把一生中最爲寶貴而有限的時光花在不停的尋找工作當中；也不會有人甘願把他（她）所喜愛的東西輕易放棄。就拿這份工作來說，如果它能使我學以致用，更多的發揮我的潛力，而我也能從中獲取更多的新知識與技能，並且也能得到相應的回報，那麼我沒有理由不專心致志的對待我所熱愛的工作。」

「山不在高，有仙則名；水不在深，有龍則靈」，有時候，真實的思想和坦率的語言就是個性突出的最佳表現。你不妨實事求是，個性鮮明地怎麼想就怎麼說（當然，除一些敏感性問題需有適度的分寸之外）。你所表現出的機敏、坦誠與個性，一定是招聘者最爲欣賞的。

11

風趣會讓你別具一格

大多數人剛進入面試時都表現得略顯緊張，不少有能力、有才華的人甚至因此痛失機會。對於面試官來說，緊張慌亂的應聘者，意味著在工作中也不能勝任。此時，如果你善於幽默，可以在此發揮，調節一下氣氛。幽默可以說是一種優美的、健康的特質；幽默也是人與人之間的潤滑劑，是一個敏銳的心靈在精神飽滿、神氣洋溢時的自然流露。每個人都喜歡說話風趣的人。

在求職面試過程中，求職者在回答問題時採用一些幽默的語言，這樣不但能活躍氣氛，也能獲得面試官的好感。

一位主考官這樣問一個應聘者：「為什麼你要選擇教師這個職業？」

應聘者回答說：「我小時候曾立志長大後要做偉人的妻子。但現在，我知道我能做偉人妻子的機會實在渺茫，所以又改變主意，決定做偉人的老師。」

這位應聘者的回答博得在場人員的一片掌聲，結果她被錄取了。

這位應聘者的明智之處就在於打破了常規思維和表達模式，以真實感受去勝人一籌。她用了「偉人」這個範疇來貫穿前後，表達自己所立的志向，幽默的談吐，既清楚的表達了自己的中心意圖，又出語驚人、新穎、不落俗套，因而這位求職者獲得了成功。

面試中，自信的應答不但有助於受試人吻合招聘者既定的聘用期望，而且可能重新塑造招聘者的聘用願望。然而有的人更勝一籌，是因爲他在自信中添加了幽默的元素。

在一次電視臺主持人招聘面試中，主考官問一位女學生：「三綱五常中的『三綱』指什麼？」這名女學生答道：「臣為君綱，子為父綱，妻為夫綱。」她剛好把三者關係顛倒了，引起哄堂大笑。但她鎮定自若，幽默的說：「我指的是新『三綱』，我們國家人民當家做主，領導是人民的公僕，當然是『臣為君綱』！計劃生育產生了大量的『小皇帝』，這不是『子為父綱』嗎？如今，妻子的權利逐漸升級，『妻管嚴』、『模範丈夫』流行，豈不是『妻為夫綱』嗎？」

這位女學生機敏幽默的回答，顯示了她的口才與智慧，顯示了她競爭的實力，最終，她順利通過了面試。

幽默是自信的表現，是善於處理人際關係的反映。可以說，哪裡有幽默，哪裡就有活躍的氣氛；哪裡有幽默，哪裡就有笑聲和成功的喜悅。爲此，在非常嚴肅、緊張、決定前途的面試中，不妨來點幽默，不僅可以使自己放鬆，也能使主考官記住你，可能還會讓你因此在面試中脫穎而出。

客官，您過獎了：

說對話比做對事

更讓人印象深刻

Saying it Right
is More Impressed

同事交流

開口迂回，
辦公室裡的彈性溝通

CHAPTER.06

01

掌握與同事說話的分寸

各類流言蜚語每天都在辦公室裡發生著，你可能是個很有正義感的人，忍不住要挺身而出「匡扶正義」；也可能你是個外向的人，眼裡看不慣嘴裡要說出來；也可能你是個「事不關己，高高掛起」閒事少管的人……但不管你是個什麼樣的人，你都要和同事們朝夕相處；日復一日的過下去。這就需要你掌握一些與同事有分寸地說話的招法，在他們中間塑造受歡迎和受欣賞的說話形象和風格，以便使身邊的同事不至於小看你或者抓住你的某個話柄找你的麻煩。

與同事相處，也要講究一定的分寸。話太少不行，人家會認爲你不合群、孤僻、不善交往；話多了也不行，容易讓別人反感，而且也容易讓別人誤解，認定你是個烏鴉嘴。所以說，不多說一句，也不少說一句才是與同事相處最理想的說話分寸。

如果，某部門主管與你十分要好，有一天，他突然向你求救，說他有一個計畫希望與某公司合作，而你與該公司老闆或承辦人員十分熟稔，請你做中間人，向這位人士遊說一番，說幾句話。

不錯，你與這人的交情很好，但是，你得切記：公私分明。

你不妨婉轉、間接一些回答他，例如對方要求你伸出援助之手時，可以打趣地說：「其實這件事很簡單，你一定可以應付自如的，被我的意見左右，可能不妙。」這番話是間接在提醒他：一個成功人士，必須獨立、自信，何況，這樣說一下也不會損及大家的情誼。

不管同事怎樣冒犯你，或者你們之間產生什麼矛盾，總之「得饒人處且饒人」，多一句，不如少一句，凡事能夠忍讓一點，日後你有什麼行差踏錯，同事也不會做得太過分，推你走向絕境。至於如何才能培養出這種豁達的情操，也是有辦法的，比如讓心思意念集中在一些美好的成就等上，當你的報復或負面的思想產生時，叫自己停止再想下去！

當你意外發現某位跟你十分投契的同事，竟然在你背後四處散播謠言，數說你的不是和缺點，這時你才猛然覺醒，原來平日的慈眉善目，完全是對方的表面文章！

晴天霹靂之餘，你會痛心地想，跟他一刀兩斷吧！然而大家是同事關係，你若擺出絕交態度，一定吃虧，一則別人以爲你主動跟他反目成仇，問題必然出在你身上，這無形中給對方一個藉口去傷害你，這樣做太不理智了。

更何況你倆還有合作機會，加上上司最不喜歡下屬因私事交惡而影響工作。所以，你應該冷靜地面對，千萬別說出過火的話來，這樣對誰都不利。

對這樣的同事，只要暗中將自己的距離拉遠就行了，因爲你已瞭解到他是一個不可信任的人，但表面說話時最好保持以往跟他的關係。因爲面對這般狡猾之人，你是不能說太多實話的！這就是你對這類同事應有的分寸。

中國人辦事講人緣，中國人成功靠人緣。沒有好的人緣，不知要失去多少成功的機會，做多少事倍功半的事情。人緣靠什麼來維護？靠的就是嘴上有分寸。

一句話說對了，可能扶搖直上，平步青雲。而一句話說過了頭，則可能「一著走錯，滿盤皆輸」，毀掉一生前途。因此，要想在職場上立足並取得成功，就一定要把握好說話的分寸。

02 辦公室裡不宜說的話

在辦公室裡要學會做有心人，有些話不可亂講，否則會招來不必要的麻煩，你知道哪些話在辦公室是不能隨便和同事說的嗎？

一、薪水問題

很多公司不喜歡職員之間打聽薪水，因為同事之間薪資往往有不小差別，所以發薪時老闆有意保守祕密，不公開數額，並叮囑不要讓他人知道。「同工不同酬」是老闆常用的手法，用好了，是獎優罰劣的一大法寶，但它是把雙刃劍，用不好，就容易促發員工之間的矛盾，而且最終會調轉槍口朝上，矛頭直指老闆，這當然是他所不想見到的，所以他對好打聽薪水的人總是格外防備。

有的人打探別人時喜歡先亮出自己，比如先說「我這月薪資……獎金……你呢？」如果他比你錢多，他會假裝同情，心裡卻暗自得意。如果他沒你錢多，他就會心理不平衡了，表面上可能是一臉羨慕，私底下往往不服，這時候你就該小心了。背後做動作的人通常是你開始不設防的人。

首先你不要做這樣的人。其次如果你碰上這樣的同事，最好早做打算，當他把話題往薪資上引時，你要儘早打斷他，說公司有紀律不談薪水；如果不幸他語速很快，沒等你攔住就把話說了，也不要緊，用外交辭令冷處理：「對不起，我不想談這個問題。」有來無回一次，就不會有下次了。

二、私人生活問題

無論你是失戀還是熱戀，別把情緒帶到工作中來，更別把故事帶進來。辦公室裡容易聊天，千萬不要只圖一時痛快，就把自己的私事都抖出來。要知道說出口的話如同潑出去的水，再也收不回來了。

職場上風雲變幻、錯綜複雜，把自己的私域圈起來當成辦公室話題的禁區，輕易不讓職場中的人涉足，其實是非常明智的一招，是競爭壓力下的自我保護。如果你不先開口打聽別人的私事，自己的祕密也不易被打聽。

一定要牢記這句話：靜坐常思自己過，閒談莫論他人非。

三、雄心壯志的話

在辦公室裡大談人生理想顯得滑稽。打工就安心打工，雄心壯志回去和家人、朋友說。在公司裡，要是你沒事整天念叨「我要當老闆，我要開公司」，很容易被上司當成敵人，或被同事看做異己。如果你說「在公司我的能力至少可當副總」或者「三十五歲時我一定能做到部門經理」，那你很容易把自己放在同事的對立面上。

你公開自己的進取心，就等於公開向公司裡的同事挑戰。做人要低姿態一點，這是自我保護的好方法。你的價值體現在做多少事上，在該表現時表現，不該表現的時候就得韜光養晦。但凡能做大事的人，都不是說大話的人。

四、家庭財產

不是你不坦率，坦率是要分人和分事的，從來就沒有不分原則的坦率，什麼該說什麼不該說，心裡必須有譜。就算你剛剛新買了別墅或利用假期去歐洲玩了一趟，也沒必要拿到辦公室來炫耀，有些快樂，分享的圈子越小越好。被人妒忌的滋味並不好受，因爲容易招人算計。

無論炫富還是哭窮，在辦公室裡都顯得做作，與其討人嫌，不如知趣一點，不該說的話不說。職場上，同事之間「胸無芥蒂，無話不說」固然不錯，但是，坦誠也應留有餘地。說話辦事透徹、痛快當然無可非議，不過，應該注意留有餘地，必要的避諱還是需要的，只有這樣，才能避免各種意外的發生，維持良好的人際關係。

03

如何甩開「包袱」同事

相當多的人在工作場所和同事會發生摩擦，這實在讓主管感到頭疼，在這裡，我們可以提供幾點建議教你甩開那些「包袱」同事。

一、口蜜腹也蜜

處理難纏同事最重要的方法是刻意努力用尊敬的用語，去稱讚你同事過去的功績或現在的指導哲學。這裡並不是說要你進行諂媚。事實上，虛僞的稱讚對你的傷害超過助益，你必須尋找機會，不論在關係緊張之前或緊張之中，清楚地讓你的同事知道，你們有共同且重要的目標，並且你對他過去的成就，過人的精力及洞察力，持有一定的敬意。

二、不要浪費精力

處理和難纏同事之間問題的好方法之一，是知道何時保持機智的沉默。不幸的是靠機智的沉默有時還不夠，你要克服難纏同事對你造成破壞的同時，還需要和有同樣志向的團隊成員，建立起某種程度的同盟關係。

有時你必須尋找團隊中其他成員的支持，以應付難纏同事對你的反對。但不要混淆短期的合作關係及長期打擊對方的活動。

宿仇浪費精力。別讓短期的反對成爲長期的「憤怒」，消耗你的精力。不要爲建立聯盟而犧牲你獨立評估未來創意的能力，即使創意來自於難纏同事。

三、自己的事情自己辦

「我已經全部都存檔了，可否請你幫我再做一次檢查？這花不了你多少時間的，對嗎？」

「你對數字最在行了！你可否幫我再檢查一下這份明天要做簡報的資料？若發覺有任何問題，也請幫我改正。」

「我需要一位最棒的作家！這份新聞稿必須明天送出去，而我還不知道該怎麼辦。」

可能在日常工作生活中，最令你氣憤的難纏同事，就是這類期望你去做他們分內該做的事的人。

當然偶爾同事之間需要相互照應一下。因爲最終大家會扯平，但對某些人而言事情永遠不會扯平。一個人似乎總在幫另外一個人克服每天的危機。

打破這種互動模式的第一步很簡單，別讓對方諂媚的話或危急的情況，或兩者的混合，成為我們談話的話題。

當碰上運用諂媚或總是以十萬火急做訴求，而使你看不清自己優先順序類型的同事時，你必須重新掌握談話的內容，或者對於對方所提起的事情不做任何決定。

有時候同事令你很難對他說「不」。他們告訴我們面對了特殊的狀況，他們說出個人重大的困難，他們以友誼和責任感向我們訴求，他們說我們是他們的唯一希望，他們把我們捧上了天。

這種情緒性的訴求很難漠視不理，但他們不可以此將他們的要求合理化。有一位同事習慣性地把他的工作移到你的辦公桌上，也把話題集中在你優越能力或他緊急的危機上，在這種情形下，你會很難勝過他，真正的話題應該是你是否有足夠的時間和資源，給予一臂之力，但不影響到你自己的責任。

最後，對於那些難纏的「包袱」同事，為了使對方真正意識到再磨下去也是白費勁，不妨在對方面前擺出一些自己無法逾越的客觀上的障礙，表示自己實在力不從心、愛莫能助，從而使對方在放棄糾纏的同時對自己的拒絕給予諒解。

04 被同事悅納的有效說話方式

能被同事所悅納的談話方式有如下幾種：

一、主動承認錯誤

主動承認自己的缺點，比讓別人批評要心情舒暢。

如果你覺察到他認爲你有不妥之處，或是想指出你的不妥之處時，你就要首先自己講出來，使他無法同你爭辯。相信，他會寬宏大度，不計較你的過錯，能原諒你。

畫家弗迪南德．沃倫採用了這方法使買他畫的人由憤怒、埋怨變得寬容大度。

「畫廣告畫和為出版社畫畫要準確、認真，這一點很重要，」斐迪南在一節課堂上回憶自己的經歷時這樣說，「有些編輯要你按他的意圖馬上創作一幅畫，這難免會使你的作品出錯。與我共事的一位編輯喜歡吹毛求疵，每當他這樣做時，我就離開他的辦公室，這倒不是因為對他提出的批評不滿，而是對他這種態度和方法感到氣憤。」

一天，那位編輯要斐迪南在短時間內給他創作一幅畫，並要求斐迪南抓緊時間畫好。那位編輯打電話把他請去。他一進那編輯的辦公室發現對方對自己懷有敵意，這是他意料之中的事。那編輯讓他談談為什麼這樣畫，而不那樣畫。於是斐迪南就用學到的方法作了自我批評。

他說：「先生，如果這幅畫確實像您所說，我畫錯了，我沒有理由為自己辯護，我承認錯誤。我長期應約為您作畫，發生錯誤是不應該的，我很內疚。」

那編輯聽後立即改口為他開脫說：「您說得對，但這不是什麼嚴重錯誤，只是……」

斐迪南打斷了他的話：「任何錯誤都要付出代價的，犯錯誤自然會引人生氣。」

那編輯又想說什麼，但斐迪南沒讓他說。這是斐迪南有生以來第一次批評自己，但他卻對此滿意。

「我再仔細些就好了」，斐迪南說，「您長期約我作畫，有權要求我把畫畫好。我再重新畫一幅。」

「不不」，那編輯說，「我沒有那個意思。」並把斐迪南的作品誇讚了一番，表示只是想讓他對其做些修改，他的失慎對出版社的聲譽不會有什麼影響，勸他不必為此擔心。他的自我批評使那編輯無法再同他爭吵。最後那編輯請他一起用早餐，臨分手前那編輯給了他一張支票，並邀約他再為他作一幅畫。

蠢人才會試圖爲自己的錯誤辯護。實際上大部分蠢人也正是這樣做的。承認自己的錯誤，會使你比不承認錯誤的人高明得多。

埃爾伯特·哈巴特是位與眾不同的作家。他那尖刻的言辭常常引人發怒，可他具有化敵爲友的非凡才華。例如，當氣憤的讀者寫信表示不同意他的觀點並在結尾寫上侮辱他的語言時，他通常這樣回信：

您的信我已仔細拜讀，我告訴您，我本人對自己的觀點也不甚滿意。昨天寫下的東西今天不一定都喜歡。我很高興能瞭解到您對我所提問題的看法。您如有機會到我們這裡來，請順便到我家來共同探討這個問題。

忠實您的埃爾伯特

當人家這樣對待你，你還能說什麼呢？當你覺得自己正確並要別人承認你的觀點時，一定要謹慎策略；如果錯了（這是在所難免的）就乾脆認錯。這種方法可產生意想不到的效果，承認錯誤比爲自己辯護心裡更爲舒暢。

所以，當你要同事接受你的觀點時，請遵循第一條準則：只要錯了，就堅決承認。

二、耐心傾聽

大多數人爲使他人接受自己的觀點，總愛侃侃而談。同事之間相處更是如此。應該給別人把話說完的機會，因爲他對自己的事情和自己的問題比你知道得更清楚，所以最好是向他提些問題，讓他告訴你他認爲什麼是正確的。

如果你因不贊同他的意見而打斷他的話，那是有害的。請不要這麼做。在他言之未盡的時候，他會對你置之不理，因此請靜心聽他把話說完並儘量加以理解。要真心實意地聽，要鼓勵他把話說完。

三、在爭論中不搶佔上風

十有九次的爭吵結果是，每人都更加相信自己是正確的。

實際上在爭吵中是沒有勝利者的。即使你在爭吵中占了上風，說到底你還是失敗了。爲什麼？即使你是勝利者，那又怎麼樣呢？你將洋洋得意。但你的對手會怎樣？你使他覺得被迫低頭，你傷了他的自尊心，他當然惱火。而被迫放棄自己觀點的人從來就不改初衷的。

說服某人並不意味著同他爭論。說服人同與人爭吵毫無相同之處。爭吵不能改變別人的看法。

因此，我們應牢記這一點：在非原則爭論中要給予同事們取勝的機會。佛祖說，不能以仇解憂，而應以愛消恨。誤會是不能靠爭吵消除的，它只能靠接觸、和解的願望和理解對方的真誠心願。

05

別人論己時切莫打斷

在特定的環境下，沉默常常比論理更有說服力，尤其是當聽到別人談論自己的時候。很多人容易犯這樣一個錯誤：一旦別人談到自己時，尤其是不利於自己的情況時，往往會打斷別人，進行爭論。其實，這是最不明智之舉。

伊利亞．愛倫堡的長篇小說《暴風雨》出版後，在社會上引起轟動，褒貶不一，莫衷一是。某報主編不知從哪裡瞭解了史達林對《暴風雨》有看法，說是「水杯裡的暴風雨」。

顯然該書應該批判。為了討好主管，就組織編輯部討論這部小說，以表示該報的政治敏感和高度的警惕性，表明該報鮮明的立場。

討論進行數小時，發言人提出不少批評意見。由於主編的誘導，每個人的言辭都很尖刻，如果批評成立的話，足以讓作家坐幾年牢。可是在場的愛倫堡極為平靜，他聽著大家的發言，顯出令人吃驚的無動於衷，這使與會者無法忍受，紛紛要愛倫堡發言，從思想深處批判自己的錯誤。

在大家的再三督促下，愛倫堡只好發言。他說：「我很感謝各位對鄙人小說產生這麼大的興趣，感謝大家的批評意見。這部小說出版後，我收到不少來信，這些來信中的評價與諸位的評價不完全一致。這裡有封電報，內容如下：『我懷著極大興趣讀了您的《暴風雨》，祝賀您取得了這麼大的成就。史達林。』」

主編的臉色很難堪，以最快的速度離開會場，那些批判很尖刻的評委們，也紛紛離開了。愛倫堡輕輕地搖搖頭：「都怨我，這麼過早地發言，害得大家不能再發言了。」

愛倫堡的聰明在於，如果他據理反駁，必能激起同仁們更加尖銳的批評，這種場合，最明智的做法就是保持沉默，褒貶隨人。

在職場上，如果同事批評或者談論你時，你不必急於否認或者急於表現自己。於是有人問，如果他們批評得不對，明明自己是被冤枉的，還不申冤那不就顯得自己太窩囊了嗎？如果你真是被冤枉的，大家都在七嘴八舌地指責你，你當場據理力爭就只會讓自己陷入更深一輪的語言轟炸，非但不能洗刷冤屈，還會讓他人更加「團結」起來打擊你。

所以，有時候保持沉默很重要。沉默的力量是無邊的，它可以幫你說服反對你的人，讓你向成功邁進。我們要學會沉默，學會在別人論己時保持沉默。

當然也不是讓你一直保持沉默，只是等其他人都已經批評累了，沒有興致的時候，你再適時回擊。這樣一來，別人已經無暇繼續反駁你，二來你也可以替自己洗刷掉冤屈。

06

提拔時怎樣面對同事

在現代社會，提拔有德有才之士到主管崗位上是平常的。這些人，一旦到了主管崗位，就必須掌握說話的藝術和技巧。在被提拔之前，你或許只是個芝麻大的小官，或許是個平民百姓，話說得好不好，對你的影響不太大；可現在不同了，你到了職場上，並且被提拔了。

小張和小王幾乎是同一時間進公司的，年齡差不多，因而他們成了無話不說的好哥們兒。一起下班一起吃飯喝酒，有時候也不免一起調侃公司裡的主管。可是兩人性格終有差別，小王沒有太強的事業心，對工作只是完成就好。而小張有強烈想證明自己的野心，又善於和主管打交道，對待工作也非常認真，於是沒多久，小張就獲得了提拔，成了小王的上級。小王對此本來也沒什麼異議，因為他也不是貪得功名的人，誰來當他的上級也無所謂，可是讓小王非常不滿的是：小張開始擺起了架子。言談舉止總是提醒小王，我已經是主管了，你不要像以往那樣沒大沒小，拿我開玩笑或者給我找麻煩了……而且小張也不再跟舊同事吃飯喝酒，而是開始和主管談笑風生，甚至開始回避以前共事的同事。

結果到年底綜合評分時，小張因同僚關係不好，而被扣了獎金還挨了上級批評。

故事裡的小張雖然被提拔當上了主管，可由於沒有擺正自己的位置，也沒有和原來的同事進行有效溝通，結果讓自己因爲人緣不好吃了虧。這實在遺憾。

如果他能把話說得動聽，即便有人心裡確實不滿也不會故意難爲他。大多數人認爲，職場之妙，妙在心機和口舌。可見學會說話已是你當務之急。在你被提拔之後，原來的主管或許成了你的同仁，而原來的同事成了你的下級，這樣在你與他們之間就突然有了一種很微妙的距離感。你如何說話才能儘快打破這種局面，下面的方法可以一試。

一、對新同事的說話技巧

「各位主管，原來你們是我的上級，曾經不斷鼓勵我上進，並給了我許多機會展示自己的能力和才華，才使我在眾多候選人中脫穎而出，得到提升。

「我很感謝各位對我的扶持和幫助，也希望在今後的工作中繼續給我指出努力和前進的方向。

「對於做主管的藝術和學問，我沒有你們在行，你們從事主管工作的時間比我長，所以在許多方面都是我的老師，我要好好向你們請教學習……」

二、對舊同事、新下級的說話技巧

「以前我們大家是同事，在一起打打鬧鬧，處得非常愉快，現在雖然沒有更多機會和大家在一起，但我們還和過去一樣是好哥們的，在工作中希望大家支持我；工作之外，和過去沒有任何區別，你們有什麼意見和要求可隨時提出來，有什麼建議和不滿也隨時反映，我一定會盡自己的能力儘快地給予解決。希望大家理解和支持我的工作！希望大家配合我把工作做得更好！」這樣一番話說下來，相信誰也不會與你爲難，對你心存芥蒂了。

總之，被提拔以後也不要有小人得志那樣的驕傲，畢竟你的工作是需要得到上級的肯定和下級的支持，如果一味「巴結」上級，和以前的同事劃清界限，那麼你的工作就可能得不到下級的支援，而導致無法進行下去。如果又一味和下級保持以前那種沒大沒小亂開玩笑的狀況，也會讓你喪失威信，在主管面前無法交差。所以，別小看一次簡單的提升，它可會考驗你說話水準的高低。

07 自曝劣勢，淡化優勢

在職場中，當你明顯比同事強時，你在感情上還是要和大家在一起，千萬不能與他們拉開距離，同事們也就不會再嫉妒你了，同時也會在心裡承認你的「優勢」是靠自己努力換來的。

當你處於優勢時，注意突出自己的劣勢，就會減輕妒忌者的心理壓力，產生一種「哦，他也和我一樣無能」的心理平衡感覺，從而淡化乃至免除對你的嫉妒。

小李是大學剛畢業的新教師，對最新的教育理論有較佳的瞭解，講課亦頗受同學歡迎，以致引起一些任教多年卻缺乏這方面研究的老教師的強烈妒忌。為了改變自己的處境，小李便故意在辦公室的同事面前大曝自己的劣勢：教學經驗一點都沒有、對學校和學生的情況很不熟悉等等，最後還一再強調「希望老教師們多多指教」。

就這樣，小李自曝劣勢後，終於有效地淡化了自己的優勢，襯出對方的優勢，減輕弱化了老教師對他的妒忌。

身在職場處於優勢時，自然是可喜可賀的事。如果別人一提起一奉承，你就馬上陶醉而喜形於色，這會在無形中加強別人的嫉妒。所以，面對同事的贊許恭賀，應謙和有禮、虛心，這樣不僅能顯示出自己的君子風度，淡化同事對你的嫉妒，而且能博得同事對你的敬佩。

「小姜畢業一年多就升上了業務經理，真了不起，大有前途呀！祝賀你啊！」在外單位工作的朋友小葉十分欽佩地說。

「沒什麼，沒什麼，老兄你過獎了。主要是我們這兒風水好，主管和同事們賞識我。」小姜見同一年大學畢業的小吳在辦公室裡，便壓抑著內心的欣喜，謙虛地回答。小吳雖然也嫉妒小姜的提拔，但見他這麼謙虛，也就笑盈盈地主動招呼小姜的朋友小葉：「喝茶了，請坐啊！」

不難想像，小姜此時如果說什麼「憑我的文憑和能力早可以升官了」之類的話，那麼小吳不妒忌死了、進而與小姜難以相處才怪呢！

有句俗語說得好，「小心駛得萬年船」，同樣，我們也可以說「謙虛能行萬里路」，事實如此，謙虛能避免別人妒忌甚至是怨恨，這樣你走的時間才能更長，路才能走得更遠。

謙虛除了從自己口中直接陳述，還有別的表現，比如說「不恥下問」。

古人云：「人之惡在於好為人師。」可見一般人都有這樣的心理：除了愛聽奉承話之外，還願做別人的老師。

在日常生活和求職就業的過程中，在與他人交往時，你也不妨做一個忠誠的聽眾。把別人都當成自己的老師，少說多聽，做一個學生，給對方充分表現自己的機會，最後達到自己的目的。這就是「甘為人徒」法的根本所在。

每個人都有強烈表現自己的欲望，以此來自我感覺比別人略高一籌。這正是人們既可愛又愚蠢的地方。

以人為師，少說為佳，並不是不說話。你得說，投其所好，不懂就問；懂得，有時也要暫時裝作不懂去問。你提問的方式，要能使對方口若懸河，使對方心理有一種滿足感和被尊重感。這時你謙虛的形象，自然就勾畫出來了。

有的新員工進公司後沒多久就融入了公司的整體氣氛中，而有的人只做了兩三個月就辭職，關鍵就在於前者非常會使用「不恥下問」這一招，在眾人尤其是重要人物面前，多謙虛請教，這樣別人都不會把他視爲眼中釘，驅逐他。

職場上的路是靠自己走出來的。在你自曝劣勢、「不恥下問」的過程中，你與工作中其他人員的關係往往會更加緊密，從而創造出更加美好的成果。

08

婉轉提出你的意見

金焱在職場上已經「浮沉」了好些年了，也遇到過各種各樣的人和事，本來應該也算是一個「交際高手」，但不知為什麼，她總是很容易得罪人。她心裡總擱不住事兒，有什麼就說什麼，從來不會隱瞞自己的觀點。

有的同事把茶水倒在垃圾筒裡，弄得一地是水，她會叫他不要這樣做；有的人在辦公室裡抽菸，她會請他出去抽；有的人愛沒完沒了地打電話，她就告訴她不要隨便浪費公司的資源……她這樣做是好心，因為如果讓經理看見了，不是一頓責罵，就是被扣獎金。

可是，好心沒好報，她這樣做的後果是把同事們都給得罪了。每個人都對她一大堆的意見，甚至大夥一起去聚餐也故意不約她。

有一次她實在氣不過，就向經理反映，沒想到經理也不怎麼支持她，並沒有批評有錯誤的，反倒弄得她在公司裡更加被動。她非常想不通，明明自己是實話實說，為什麼結局是這樣的？難道做人就一定要虛偽做作嗎？

金焱的這種情況其實是很普遍也很能理解的。人們的日常生活離不開與人打交道，如果與自己的同事關係處不好，又要天天見面，的確叫人難受。

從上述事例來看，實話實說本身並沒有錯，心胸坦蕩、爲人正直這是許多人都讚賞的美德。但問題在於，實話實說也要考慮時間、地點、對象以及他人的接受能力。

喜歡「直言直語」的人說話時常只看到現象或問題，也常只考慮到自己的「不吐不快」，而不去考慮旁人的立場、觀念、想法。他的話有可能一派胡言，也有可能鞭辟入裡；一派胡言的「直言直語」對方明知，卻又不好發作，只好悶在心裡；鞭辟入裡的直言直語則直指核心，讓當事人不得不啓動自衛系統，若招架不住，恐怕就懷恨在心了。所以，直言直語不論是對人或對事都會讓人受不了，於是人際關係就出現了阻礙。別人不能離你遠遠的，那就想辦法把你趕得遠遠的，眼不見爲淨，耳不聽爲靜。

因此，在指出對方錯誤的同時，也可以反省自己是否說話不得體，如果是因爲沒有講究方式方法，而造成同事關係的緊張，就要考慮自我調整，克服過於直率的毛病了。

有話當面說，不在背後說長道短，這無疑是對的，但也不能因此而忽視了人與人之間的複雜性：只求敢說，不講效果，這根本就無助於問題的解決。

如果遇到不拘小節的同事，或者輩分高、資格老，但你實在看不下去，這時，不能直接說出以免引起對方不快，可用婉言勸說的方法，讓他知道你不大讚賞他的行爲習慣或態度。

小吳對面住著同單位的老金，待人熱情誠懇，但就是生活上比較隨性，不講儀態。夏天，常光著身子，穿條短褲走這家串那戶。小吳是生長在保守家庭的，大學畢業，作為一個有知識的女性，她很不習慣老金的這種儀態。一個休假日，老金邀小吳的丈夫去另一個同事家下棋。小吳對丈夫說：「襯衫穿上，到別人家去總得有個樣子，拖鞋脫了，換雙球鞋。」這一講，使老金馬上有所覺察，他說：「等一下，我也去穿件襯衫、換雙鞋。」小吳見時機已到，順水推舟道：「金大哥，您這個人很熱情、很隨和，可我覺得在穿著上是太不講究了，有時讓人受不了。」待老金穿好衣服返回，小吳讚揚道：「這一身多帥氣啊！金大哥，其實，您是很英俊瀟灑的。」說得老金舒服極了。以後，他漸漸改變了原先不講儀態的習慣。

人們一般都愛面子，愛聽讚揚的話，不妨為對方想想，不要只管自己說得痛快，儘管你是善意的，也會傷害對方，有可能造成對方的誤解和怨恨。如果找一個恰當的機會，比如大家一起吃飯或聊天的時候，婉轉地說出自己的想法，與當事人個別交換意見，也許更會得到對方的理解；或者用一個幽默來表達自己的看法，肯定有利於問題的解決。如果你的目的僅僅是為了給同事提個意見，那麼，不妨把批評的方式變成誇獎，也許這樣的效果會更好。

同在一家公司的蕭小姐和鐘小姐素來不和。

有一天，蕭小姐忍無可忍地對另一個同事夏先生說：「你去告訴鐘小姐，我真受不了她，請她改改她的壞脾氣，否則沒有人會願意理她的！」

夏先生說：「好！我會處理這件事。」

以後蕭小姐遇到鐘小姐時，鐘小姐果然是既和氣又有禮，與從前相較，簡直判若兩人。

蕭小姐向夏先生表示謝意，並且好奇地問：「你是怎麼說的？竟有如此的神效。」

夏先生笑著說：「我跟鐘小姐說：『有好多人稱讚你，尤其是蕭小姐，說你又溫柔又善良、脾氣好、人緣更佳！』如此而已。」

在與同事交往時，你可能會對他有些意見，但是即便你的意見是完全正確的，你也要考慮到具體的情況，而應婉轉地提出意見，這樣才能很好的保持你們的人際關係。如果說話過於直率，言辭過於生硬或激烈，則只會產生不良效果，不但達不到善意的初衷，而且有時會走向極端，給自己帶來不必要的麻煩。

09

如何應對流言蜚語

在同事裡常常有這樣一些人：他們到處散佈別人的流言蜚語，每天不是東家長就是西家短，沒完沒了，讓人厭煩。這類人也許只是沒事練練舌頭，或者增加一點兒茶餘飯後的餘興節目，但他們的言辭卻對別人產生了很大的影響，甚至有些人竟被流言蜚語淹沒，自身的才能被漸漸吞噬掉。

流言蜚語會對人們的工作、生活產生巨大的影響，當散佈流言蜚語的同事存在於你周圍時，你只會感到痛苦。有一位趙小姐就有過這樣的痛苦經歷：

趙小姐平時為人善良，上進心強。既想在事業上有所作為，又不想讓他人說三道四。高考落榜後，她進了一家公司。一進公司，公司就開始讓她們一同來的四十個女同學進行培訓。四個月以後，只有她一人分到管理部工作，其他人全部下到生產單位。當時她很高興，在管理部工作許多事要從頭學起，便虛心向老同事請教，勤奮學習，細心觀察別人對問題的處理方法，現在已能很好的勝任自己的工作。

趙小姐這個人腦子比較靈活，辦事有一定的能力。就在工作取得一定成績的時候，聽到別人議論自己，說她是靠不正當手段進管理部的，說她與上司的關係不一般等閒話。趙小姐的上司有能力，但名聲的確不好，而且粗魯，經常開過頭的玩笑。趙小姐對他也很看不慣，但畢竟是上司，又能怎麼樣？所以對他敬而遠之。可是有些同事總是在背後議論趙小姐的品行，他們這些無中生有的議論，實在影響她的情緒，由此產生了很大的心理壓力。當然趙小姐自知沒有使用任何手段使自己分到科室工作，自認為是憑自己的本事得到這一份工作的，可是「人言可畏」啊！自從聽到傳言之後，她處處小心，感到孤獨、煩惱，工作積極性不高，精力很難集中起來。

上例中的趙小姐是一位典型的被流言蜚語所傷的受害者。

對於造謠中傷，大多數人都深惡痛絕，而提到流言蜚語，雖然大多數人也表示厭惡和排斥，但不少人總容易不知不覺就加入其中。

許多人傳播流言蜚語並不認爲自己是在傳閒話。流言蜚語往往傳得特別快，今天早上發生一件事，一經三姑六婆們的渲染，晚上准能傳遍全城，且面目全非。

端正自己的說話行事，拋棄那些流言蜚語，給自己的嘴安一把鎖，堅決不傳別人的閒話。

當然，管住了自己的嘴不算完，也不算難，但置身於一個辦公室，管住了自己，卻未必管得住別人。當你不幸成爲傳閒話的對象時，你必須要儘快消除這一麻煩。

首先，盡力找出這些閒話後面隱藏的動機，然後鼓勵那些散佈閒話者更加直率和公正地表達自己的意見和想法，讓他們面對面地向你道出自己的不滿。這樣做，有時你可以打碎遮擋於你們之間的屏風，判斷出問題的真正所在，然後澄清事實，及時將矛盾解決。

正面消除閒言碎語，這對你十分重要，如果任其滋生蔓延，會對你不利，其他人也會覺得你無法處理這一問題。謠言傳播得太久，會被他人誤以爲是事實，因此，你可以與散佈謠言者正面交鋒面談，與其單獨談談這一問題。你可以問問他們：

「我所聽到的話都是你真心想說的嗎？」

「我猜測你不同意我的觀點，對嗎？」

「你能談談你的想法嗎？」

如果你表現得十分真誠而直率，並且那些謠言傳播者本來並無惡意，而只是一種誤解或者迷惑，他們很有可能會當場敗下陣來，向你表示歉意，並制止和收回自己的謠言。

你可以把貶低詆毀你的人帶出去吃一頓午飯，進行一次私下的交談；你也可以請一個中間人，以緩和你們之間的氣氛。

如果事態確實嚴重，你們之間的私下交談看似無法解決這一問題，你只好找到自己的老闆清楚表明：「這是我覺察到的正在發生的事，我希望大家能見個面，坐下來很好的交談一下。」

你還可以直接找到製造謠言者，當面對他說道：「我知道你曾經說過……」如果那個人覺得心虛，不敢面對你，他可能會說：「哦，沒有。」「誰，我？」或「這怎麼可能呢？」

這時，你可以趁機回答道：「好，我很高興你沒有說，我也不希望再聽到這些謠言。」

如果覺得對方理直氣壯，他也許會說：「是的，怎麼樣？」

這時，你可以問問他：「能給我說說你具體的想法嗎？」或者「我們能坐下很好的交換一下各自的看法嗎？」這樣，你們之間的問題也許可以得到解決，或緩解你們之間的衝突與矛盾。

如果你聽到某些閒言碎語，而且並不是針對你，但有可能讓人懷疑你也是謠言散佈者之一，在這種情況下，你最好表明自己的堅決態度，即你根本不願意介入說三道四者之列。同時，你的同事們也很想知道你在想什麼或會說些什麼。

對於謠言，千萬不要重複它們。如果你可以做到，應該予以反駁，或讓它們在辦公室裡停止散佈：「我已經聽說了，但這只是謠言，我知道這不是真的。」

10 傻子才和同事「交惡」

工作中同事之間容易發生爭執，有時搞得不歡而散甚至使雙方結下芥蒂。發生了衝突或爭吵之後，無論怎樣妥善地處理，總會在心理、感情上蒙上一層陰影，爲日後的相處帶來障礙，最好的辦法還是儘量避免它。

中國人常用這麼一句話來排解爭吵者之間的過激情緒：有話好說。這是很有道理的。據心理學家分析，爭吵者往往犯三個錯誤：第一，沒有明確清楚地說明自己的想法，含糊、不坦白；第二，措辭激烈、武斷，沒有商量餘地；第三，不願以尊重的態度聆聽對方的意見。另一項調查表明，在承認自己容易與人爭吵的人中，絕大多數人不承認自己個性太強，也就是不善於克制自己。

某公司的一個部門裡有兩位職員，工作能力難分伯仲，互為競爭對手，誰會先升任科長是部門內十分關心的話題。但這兩個人競爭意識過於強烈，凡事都要對著幹。快到人事變動時，他們的對立已經激化到了不可收拾的地步，好幾次互相指責，揭發對方的短。科長及同事們勸都勸不開，最後結果，兩個人都沒有被提升，科長的職位被部門其他的同事獲得了，因為他們在爭執中互相揭短，在眾人面前暴露了各自的缺點，讓主管認為兩個人都不夠資格提升。

退一步說，即使和同事沒有競爭關係，沒有升等不升等的前途問題，而只是彼此看不慣，也不必非說一些撕破臉的話。相互之間有了不同的看法，最好以商量的口氣提出自己的意見和建議，語言得體是十分重要的。應該儘量避免用「你從來也不怎麼樣……」、「你總是弄不好……」、「你根本不懂」這類絕對否定別人的消極措辭。每個人都有自尊心，傷害了他人的自尊心，必然會引起對方的反感。即使是對錯誤的意見或事情提出看法，也切忌嘲笑。幽默的語言能使人在笑聲中思考，而嘲笑使人感到含有惡意，這是很傷人的。真誠、坦白地說明自己的想法和要求，讓人覺得你是希望與他人合作而不是在挑別人的毛病。同時，要學會聆聽，耐心地聽對方的意見，從中發現合理的部分並及時給予讚揚或同意。這不僅能使對方產生積極的心態，也給自己帶來思考的機會。

如果遇到一位不合作的人，首先要冷靜，不要讓自己也成爲一個不能合作的人。寬容忍讓可能會令你一時覺得委屈，但這不僅表現你的修養，也能使對方在你的冷靜態度下平靜下來。當時不能取得一致的意見，不妨把事情擱一擱，認真考慮之後，或許大家能找到解決問題的好辦法。善於理解、體諒別人在特殊情況下的心理、情緒是一種較高的修養。有的人生性敏感，遇到不順心的事就發洩怒氣，這就可能是造成態度、情緒反常或過激的原因。對此予以充分諒解，會得到相應的回報。

心胸開闊是非常重要的。任何人都會出現失誤和過錯，別人無意間造成的過錯應放寬胸懷給予諒解，不必計較無關大局的小事情。有句話叫：「得饒人處且饒人。」何況同事之間還是合作關係，抓住別人小過失不放手，或者跟同事爭吵都是不明智的選擇。聰明的討人喜歡的人應該學會忍讓，不做「嘴巴不饒人」的刺蝟。

大大的享受拓展視野的好選擇

TALENT TOOL

大拓 Talent Tool

永續圖書線上購物網
www.foreverbooks.com.tw

謝謝您購買 客官，您過獎了：說對話比做對事更讓人印象深刻 這本書！

即日起，詳細填寫本卡各欄，對折免貼郵票寄回，我們每月將抽出一百名回函讀者寄出精美禮物，並享有生日當月購書優惠！

想知道更多更即時的消息，歡迎加入“永續圖書粉絲團”

您也可以利用以下傳真或是掃描圖檔寄回本公司信箱，謝謝。

傳真電話：（02）8647-3660　　信箱：yungjiuh@ms45.hinet.net

☺ 姓名：＿＿＿＿＿＿　□男　□女　□單身　□已婚

☺ 生日：＿＿＿＿＿＿　□非會員　□已是會員

☺ E-Mail：＿＿＿＿＿＿　電話：（　）＿＿＿＿

☺ 地址：＿＿＿＿＿＿

☺ 學歷：□高中及以下　□專科或大學　□研究所以上　□其他＿＿＿

☺ 職業：□學生　□資訊　□製造　□行銷　□服務　□金融

□傳播　□公教　□軍警　□自由　□家管　□其他＿＿＿

☺ 您購買此書的原因：□書名　□作者　□內容　□封面　□其他＿＿＿

☺ 您購買此書地點：＿＿＿＿＿＿　金額：＿＿＿

☺ 建議改進：□內容　□封面　□版面設計　□其他＿＿＿

您的建議：＿＿＿＿＿＿

新北市汐止區大同路三段一九四號九樓之一

大拓文化事業有限公司收

請沿此虛線對折免貼郵票，以膠帶黏貼後寄回，謝謝！